Bedrogen

www.boekerij.nl

Annemieke Linders
& Natasza Tardio

Bedrogen

Bedrogen moet gelezen worden als het dagboek van Annemieke Linders, op schrift gesteld door Natasza Tardio. De in deze publicatie beschreven gebeurtenissen zijn weergegeven zoals ervaren door Annemieke Linders. De auteur heeft de ervaringen en gevoelens van Annemieke willen vastleggen, maar heeft hiermee geen objectieve beschrijving van de werkelijkheid willen maken. Diverse gebeurtenissen, (plaats)namen en persoonsbeschrijvingen zijn bovendien niet geheel naar werkelijkheid weergegeven in verband met de bescherming van de privacy en veiligheid van de betrokken personen.

ISBN 978-90-225-5725-9
NUR 302

Omslagontwerp: DPS design & prepress services, Amsterdam
Omslagbeeld: Clayton Bastiani / Trevillion Images
Zetwerk: CeevanWee, Amsterdam

*Dit boek draag ik op aan mijn jongens, Oscar, Victor
en Casper. Zij zijn het zonnetje in mijn leven.
Dankzij hun liefde, steun en zorg zijn alle moeilijke
momenten in het leven te overbruggen.
Dat jullie mogen opgroeien tot betrouwbare,
integere mannen.
Mama*

Proloog

Na een druk en uitzonderlijk weekend, zit ik eindelijk aan mijn computer. Het is alweer maandagmiddag en Arnoud, mijn vriend en inmiddels ook mijn werkgever, is net vertrokken met mijn nieuwe leaseauto, omdat zijn eigen auto niet genoeg benzine heeft en mijn Seat gewoon veel zuiniger rijdt dan zijn Range Rover.

Eigenlijk heb ik helemaal niet zo'n zin om aan de slag te gaan. Mijn gedachten dwalen telkens af naar Arnoud. Ja, het weekend was anders verlopen dan gepland, maar anders is niet altijd slechter en met een glimlach denk ik terug aan Arnouds vingers over mijn rug en zijn lippen op mijn huid.

'Kom op, Miek. Aan het werk!' Ik roep mezelf tot de orde en richt mijn blik weer op het beeldscherm. Ik moet vandaag de websitelay-out van Arnouds charterbedrijf op papier zetten; een van mijn nieuwe taken. Net als ik zit te bedenken hoe de nieuwe site eruit moet gaan zien, gaat de telefoon. Wat nu weer? Ben ik net lekker bezig, word ik weer gestoord. Toch pak ik plichtsgetrouw mijn mobiel op, want tenslotte kan het Arnoud zijn.

'Met Annemieke.'

Even blijft het stil, maar dan hoor ik aan de andere kant van de lijn de stem van Diana, mijn schoonzusje. 'Hé, Miek, met mij.' Haar stem klinkt vreemd, bijna gespannen.

Iets binnen in mij verstrakt, waardoor ik me direct afvraag waarom ze me belt. Tenslotte heb ik haar pas nog gesproken, maar voor ik iets kan zeggen, valt ze met de deur in huis.

Al snel blijkt dat ze niet zomaar voor de gezelligheid belt. 'Miek, luister 'ns...' Even zucht ze. 'Ik vind dit zo moeilijk en ik weet ook niet hoe ik het makkelijker kan maken.'

Nu houd ik het niet langer meer uit. Beelden van mijn broer, een ongeluk en allerlei andere ernstige dingen schieten door mijn hoofd, maar dan komt het hoge woord eruit.

'Arnoud is niet de man die je denkt dat hij is, Miek. Sterker nog, hij heet niet eens Arnoud. Hij is gewoon een ordinaire oplichter die al meerdere vrouwen heeft bedrogen.'

Haar woorden dringen maar langzaam tot me door; ik heb echt geen idee wat ze me nu eigenlijk duidelijk probeert te maken. Arnoud een oplichter? Dat kan niet, dit is gewoon een rare vergissing. Ik schiet in de lach en zeg: 'Arnoud een oplichter? Ga toch weg. Echt niet. Ik weet heus wel of iemand te vertrouwen is of niet, hoor. Je moet je echt vergissen.'

Maar mijn schoonzusje houdt voet bij stuk en haar

stem wordt nog ernstiger. 'Ik begrijp best dat je me niet zomaar gelooft, dat zou ik denk ik ook niet doen, maar er zijn genoeg bewijzen. Ik heb een aantal websites bezocht en daar heel veel informatie gevonden. Arnoud is echt niet de man die hij zegt te zijn. Er is zelfs een televisieprogramma aan hem gewijd. Natuurlijk geloof je me niet op mijn woord, Miek, maar waarom kijk je niet eerst even op deze websites en dan bel ik je over een half uur terug.'

Overrompeld schrijf ik de adressen van de websites op een papiertje, waarna Diana ophangt en me in opperste verwarring achterlaat.

Ik typ het eerste adres in. Nog steeds kan ik niet geloven wat mijn schoonzusje me heeft verteld. Arnoud een leugenaar? Mijn Arnoud? Arnoud de romanticus, de man met wie ik een toekomst aan het opbouwen ben, de man voor wie ik mijn baan heb opgezegd, zodat ik voor hem kon gaan werken? Het kan gewoon niet waar zijn, maar diep vanbinnen voel ik de twijfel opkomen. Ik ken mijn schoonzusje. Ze is betrouwbaar en altijd begaan met mijn welzijn. Ik kan geen enkele reden bedenken waarom ze hierover zou liegen, anders dan dat ze verkeerd zou zijn voorgelicht.

Even haal ik diep adem. Ik kén Arnoud. Hij kán niet hebben gelogen. Niet na alles wat we de laatste tijd met elkaar hebben meegemaakt. Onze gesprekken, onze dromen, onze teleurstellingen, het leven en de kans die we nu hebben om samen iets moois op te bouwen.

Ik voel hoe mijn buik verkrampt. Wat mijn schoonzusje ook zegt, ik kan en wil het niet geloven en opstandig kijk ik naar het computerscherm.

Het duurt even, maar als de website volledig is geladen en ik begin te lezen, zinkt de moed me in de schoenen. Het is als een klap in mijn gezicht. Een voor een lees ik verhalen van andere vrouwen, verhalen als die van mij. De beschrijvingen, de gebeurtenissen, zelfs de manier waarop Arnoud hen heeft ingepalmd, het lijkt allemaal angstaanjagend veel op mijn situatie. Als bevroren blijf ik zitten. Het werk en de nieuwe website ben ik vergeten. Alles om me heen lijkt hetzelfde en toch is alles anders, alsof ik in een film ben beland. Alle zekerheden zijn verdwenen, geen toekomst en geen mooie plannen meer, al moesten we de meeste nog verwezenlijken. Het enige wat rest zijn de onwaarheden waarin Arnoud me heeft doen geloven.

Verdoofd staar ik voor me uit. Dan begint het pas goed tot me door te dringen. Alles wat er de afgelopen maanden is gebeurd is een grote leugen, of ik het geloven wil of niet.

Het is alsof een vloedgolf me plotseling overspoelt. Hoe kon ik zo stom zijn?! Opeens begrijp ik de soms wat vreemde gebeurtenissen van de laatste paar weken een stuk beter. Ik denk terug aan het stemmetje dat me een paar keer had gewaarschuwd, maar door de mooie woorden en verhalen van Arnoud weer tot zwijgen was gebracht. En natuurlijk door mijn liefde voor hem. Hij had daar goed gebruik van weten te maken en ik had me laten manipuleren.

Het duurt even, maar dan is er geen ruimte meer voor twijfel. Hoe moeilijk ik het ook vind, ik kan mijn ogen niet langer sluiten. Mijn schoonzusje heeft gelijk: ik ben bedrogen.

I

Tijdens een moment van krankzinnigheid had ik mij ingeschreven bij een datingsite, via zo'n flashreclame die naast mijn hotmail stond te knipperen. De dubbelklik ging sneller dan het opsteken van een sigaret en was achteraf gezien waarschijnlijk niet de slimste zet, maar met de wetenschap van vandaag zou ik een heleboel zaken anders aanpakken.

De eenzaamheid won het die bewuste avond. Het was pijnlijk om collega's te horen praten over hoe gezellig ze samen met hun partner uit eten waren geweest of hoe hun gezamenlijke vakantie was geweest. Dat wilde ik ook. Het gevoel geliefd te zijn door iemand anders dan je kinderen of ouders. Ik had in mijn omgeving gezien dat het niet onmogelijk was om via internet een goede partner te krijgen. Mijn broer had op die manier zijn vriendin leren kennen en ze waren alweer geruime tijd zeer gelukkig samen. Ik gunde het mijn broer natuurlijk van harte, maar ik kon het niet helpen dat ik toch af en toe jaloers was. En ook mijn ex-man had een relatie gehad die via internet was begonnen en hoewel hun relatie inmiddels verbroken was, was ze een heel leuke en normale vrouw. Met deze ervaringen in mijn achter-hoofd en de eenzaamheid die me thuis bekroop, was mijn moment van krankzinnigheid wel te begrijpen. Bovendien was het met mijn werkuren en drie prachtige zoons moeilijk om op een normale manier mannen te ontmoeten.

Toch vond ik het vreemd. Was ik nu zo'n mislukte vrouw die zonder de computer niet meer aan de man kon komen? Ik hield mezelf voor dat dit absoluut niet het geval was. Eigenlijk kan ik nog steeds niet goed uit-leggen wat me ertoe bewoog me daadwerkelijk in te schrijven. Wat zeker meespeelde was dat ik het zat was om alleen te zijn en niemand te hebben om de alledaag-se leuke en minder leuke dingen mee te bespreken.

Eigenlijk was ik nog helemaal niet toe aan een nieuwe relatie. Het stuklopen van mijn vorige relatie was zo recent dat ik het verdriet zeker nog niet had verwerkt.

Slechts een maand voor ik me inschreef bij de datingsite zag alles er heel anders uit. Ik was gelukkig met mijn partner Fabian en had net mijn nieuwe woning betrok-ken. Ik woonde nu in Limburg, terwijl mijn familie nog steeds in Gelderland woonde. De verhuizing was een grote stap geweest, maar samen met Fabian durfde ik het wel aan. Waarom ook niet? We hadden een solide relatie en dezelfde interesses, zowel privé als zakelijk en het leek logisch om samen te gaan werken in het be-drijfsrestaurant van een groot veilinghuis. Onze geza-menlijke ervaring binnen de horeca kwam goed van pas en toen niet snel daarna het restaurant aan Fabian werd overgedragen, kon ons nieuwe leven beginnen. Ik kwam in dienst van zijn nieuwe bedrijf, dat leek Fabian het beste. Stel dat het allemaal niet zou lopen zoals we verwachtten, dan had ik in elk geval recht op een uitkering. Als alleenstaande moeder met drie kinderen kon ik me in deze zekerheid vinden en dus vertrokken we samen naar Limburg.

Omdat dit allemaal midden in het schooljaar viel besloten mijn ouders ons te helpen met een royaal aanbod: zij zouden tijdelijk de kinderen opvangen, zodat ik mijn handen vrij had om samen met Fabian onze toekomst en ons bedrijf op te bouwen. Ook mijn ouders hadden vertrouwen in onze toekomstplannen. Fabian en ik waren immers al bijna twee jaar samen. We hadden ook al eens eerder samengewerkt en onze relatie was stabiel. Wat kon er misgaan?

De weken en maanden daarna werkten we ontzettend hard. Fabian en ik bivakkeerden in een tijdelijke huurwoning en de kinderen zaten bij mijn ouders in Eerbeek. De weekenden brachten we gezamenlijk door, met zijn kinderen, met mijn kinderen of zonder kinderen. Zelfs gescheiden zijn heeft zo zijn voordelen.

Het was een druk leven en niet altijd even gemakkelijk, maar we sloegen ons er samen doorheen. Hoe moe we soms ook waren, onze kameraadschap en ons goede humeur voerden de boventoon. Samen konden we alles aan.

Gelukkig vond ik al snel een leuke woning. De prijs was meer dan redelijk. Dat er ook nadelen waren werd algauw duidelijk, net als de reden voor de lage prijs: er moesten namelijk een compleet nieuwe keuken, badkamer en toilet in. Geen kleine klus, maar het mocht de pret niet drukken.

Ook Fabian was enthousiast en na alles nog een keer te hebben doorgerekend besloot ik de woning te kopen. Op 11 november tekende ik de tijdelijke koopakte en op 11 december het koopcontract. Vanaf dat moment brachten Fabian, zijn vader en ik veel tijd door in ons nieuwe huis. Halverwege januari was het dan eindelijk zover. Hoewel het huis nog niet helemaal klaar was, bracht ik mijn spullen over. Het leven lachte ons toe.

Toen, van de een op de andere dag, zes weken na mijn verhuizing, liet Fabian me weten niet meer te geloven in een toekomst samen met mij en mijn kinderen. De breuk kwam als een donderslag bij heldere hemel, met als klap op de vuurpijl de reden: hij had besloten terug te keren naar zijn ex-vrouw. Ze had spijt gekregen van hun scheiding en liet hem weten dat ze het leven met hem weer wilde oppakken.

Tegen de tijd dat Fabian mij van zijn besluit op de hoogte bracht was alles al in kannen en kruiken. Zijn ex had haar vriend een paar dagen daarvoor de deur uitgezet en hun gezamenlijke woning in de verkoop gezet. Het enige wat ze tegen Fabian had gezegd, was dat ze hem terug wilde. Meer was er duidelijk niet nodig, zelfs niet na twee jaar. Fabians liefste wens was om zo veel mogelijk tijd met zijn kinderen door te brengen. Deze mogelijkheid bood zijn ex-vrouw hem nu en zonder blikken of blozen of een woord van spijt keerde hij mij de rug toe en bleef ik alleen achter.

Mijn wereld stortte in. Fabian betekende alles voor me en na wat we allemaal samen hadden doorgemaakt was ik er echt van overtuigd dat we bij elkaar hoorden. En nu deze nachtmerrie. Het was afschuwelijk en eigenlijk wilde ik niets liever dan in bed kruipen en vergeten wat er allemaal gebeurde. Vol verbazing en afschuw realiseerde ik me in welke situatie ik mezelf en mijn gezin had gemanoeuvreerd.

Gelukkig was ik mijn baan nog niet kwijt en mocht ik in het bedrijfsrestaurant blijven werken, maar ook dat ging niet zonder slag of stoot. Het was duidelijk dat Fabian liever had dat ik wegging. Al snel ontstonden er spanningen, maar ik was zeker niet van plan om geruisloos te vertrekken; ik had per slot van rekening drie kinderen die van mij afhankelijk waren. Zomaar mijn baan opgegeven was absoluut geen optie. Maar dat deze allerminst prettige situatie niet al te lang kon voortduren, was van meet af aan duidelijk.

Ik stopte alle pijn en verdriet over de breuk met Fabian diep weg. Dat leek me het beste, want wat moest ik er anders mee? Dat dit struisvogelgedrag mij ontzettend kwetsbaar maakte, kon ik toen niet weten. En als er iemand was geweest die het tegen me had gezegd, had ik het niet willen horen. Ik kon het allemaal wel zelf aan, het leven ging door.

Mijn keuze om te gaan daten was dus in zekere zin een vlucht en eigenlijk wist ik dat best, maar ik wilde niet nadenken, ik wilde de pijn niet voelen, ik wilde verder en niet langer stilstaan bij de afgelopen twee jaar en de dromen die ik moest laten varen. Ik wilde me geliefd voelen, belangrijk zijn voor iemand en de datingsite leek me daartoe best een geschikt middel. Ook trokken de profielen op de site me aan. Dat dit lokkertjes waren, bedoeld om mensen zoals ik lid te laten worden, begreep ik pas nadat ik me had ingeschreven. Maar ja, ik was nu eenmaal ingeschreven en de faciliteiten niet gebruiken zou zonde zijn van het geld. En stel nou dat ik iemand zou leren kennen? Dat zou toch kunnen? Ik besloot om het gewoon maar op zijn beloop te laten.

Al snel ontving ik profielen van alleenstaande mannen. Gespannen maakte ik de mails open, maar meestal waren de profielen niet voorzien van een foto en dat vond ik toch wel belangrijk. Je wist tenslotte nooit wat voor griezel er achter zo'n profiel zou zitten. Een foto gaf in elk geval een eerste indruk. En hoewel het innerlijk veel belangrijker is dan het uiterlijk, kun je het een niet helemaal los zien van het ander. Ik tenminste niet.

Gelukkig waren er ook profielen waar wel een foto bij zat, maar hoewel veel van de mannen een sympathieke indruk maakten, was het niet echt mijn smaak. Al snel gaf ik de moed op. Misschien was het voor mij gewoon niet weggelegd om op deze manier in contact te komen met een leuke, betrouwbare man.

En op dat moment kreeg ik het profiel van ene Arnoud toegezonden.

Hoewel ik net had besloten om het bijltje erbij neer te gooien, bleef de mail me aanstaren en na wat wikken en wegen klikte ik toch maar op het pictogram. Even kijken kon immers geen kwaad, zei ik tegen mezelf. Veel verwachtte ik er echter niet van. Het zou wel weer niets zijn en met een snelle blik las ik het profiel en bekeek ik de twee foto's van een leuke vent op een schip. Hij stond breed lachend op de foto's en hoewel het me maar een heel beperkte indruk gaf van deze verder totaal onbekende man, was er iets wat mijn aandacht trok.

Ik liet mijn twijfel varen en besloot om een e-mail terug te sturen. Baat het niet, dan schaadt het niet, en bijtend op mijn onderlip typte ik een antwoord: 'Al is er op beide foto's maar een klein deel van je zeilboot te zien, het lijkt mij een geweldig schip. Het doet me een beetje denken aan de tijd dat ik in Zuid-Frankrijk woonde. Er lagen altijd zeilboten in de haven, een prachtig gezicht, vooral als ze uitvoeren.' Ik vroeg of de foto's van een recente vakantie waren of dat het schip een plek was waar hij zich regelmatig even kon terugtrekken om tot rust te komen. Veel verwachtte ik er niet van, maar ergens hoopte ik wel op een reactie. Het bracht wat kleur in mijn leven en zorgde ervoor dat ik aan andere dingen kon denken dan aan mijn werk waar ik elke dag met tegenzin naartoe ging, omdat ik daar Fabian steeds tegen het lijf kon lopen. Al die pijnlijke herinneringen; ik wilde verder en vergeten wat ik had verloren.

Toen ik de volgende dag mijn computer opstartte zag ik direct dat er een reactie in mijn mailbox stond. Het was een antwoord van Arnoud. Glimlachend en enigszins nerveus klikte ik op het envelopje. Ik voelde me bijna Meg Ryan in *You've got mail*.

'Dank je voor je leuke berichtje.' Dat begon goed en nieuwsgierig las ik verder. Hij had mijn vraag beantwoord en de foto's waren niet gemaakt op vakantie. Blijkbaar was hij een zeiler in hart en nieren. Leuk!

'... daarom heb ik van het zeilen ook mijn beroep gemaakt. De foto's zijn genomen op mijn zeilboot de SY Duende. Hij ligt in Port de la Rague in Frankrijk.' Onder de indruk las ik hoe Arnoud zijn tijd verdeelde tussen Frankrijk en Nederland. Zeilen was zijn lust en zijn leven en een paar keer per jaar zeilde hij verschillende classic regatta's op de Middellandse Zee. Hij besloot zijn e-mail met een vraag: 'Ben jij ook een zeiler?'

Dit was leuk! Plotseling leek er een goed opgeleide, leuk uitziende man in mij geïnteresseerd, in ieder geval genoeg om een gesprek met me te willen aangaan. Dat was fijn en even vergat ik de eenzaamheid. Ik kon het dan ook niet nalaten om meteen weer een mail terug te sturen. Ik besloot om eerst zijn slotvraag te beantwoorden en de overeenkomsten te benadrukken. Enthousiast vertelde ik hem dat ik zestien jaar aan de Middellandse Zee heb gewoond en heb leren zeilen in een piraatje, een kleine zeilboot. Daarna heb ik mijn zeilbrevet gehaald en een tijdje op een catamaran gevaren. Het zeilen is er door mijn moeder en mijn opa met de paplepel ingegoten. Ik besloot hem eerlijk te vertellen dat het wel jaren geleden was dat ik had gezeild. Voor je het wist zat ik straks op een boot en kon ik er geen hout meer van. Bovendien wilde ik eerlijk zijn, gezien mijn ervaring met Fabian. Wat de toekomst me ook zou brengen, de waarheid moest en zou op de eerste plaats staan.

Voor ik mijn mail afsloot liet ik hem knipogend weten dat ik mijn volgende mail in het Frans zou schrijven, omdat ik naast mijn baan in de horeca ook vertaalster Frans-Nederlands was.

Na mijn antwoord nog een keer goed te hebben doorgelezen stuurde ik de e-mail weg, blij en opgewonden. Avontuur had mij altijd getrokken en deze onbekende man betekende een nieuw avontuur. Ik voelde me alsof ik vijftien was, en met een brede grijns op mijn gezicht ging ik naar bed.

De volgende dag stond ik voor het eerst sinds weken weer eens vrolijk op. Fluitend maakte ik het ontbijt klaar en hoewel ik normaal niet meteen aan mijn computer ging zitten, kon ik het niet laten om een snelle blik op mijn inbox te werpen. Er was nog geen antwoord. Dat kon ook bijna niet, de goede man had een drukke baan en ik had mijn antwoord pas laat verzonden. Waarschijnlijk had hij de mail nog niet eens gelezen.

Met een onbestemd, bijna opgewonden gevoel vertrok ik even later naar mijn werk. Ik werkte op de automatische piloot, met mijn hoofd half in Frankrijk en half op de zaak, tot mijn collega Laura binnenkwam. Laura werkte al in het bedrijfsrestaurant toen ik er kwam werken en van begin af aan konden wij het uitstekend met elkaar vinden en inmiddels waren we goede vriendinnen.

Onze vriendschap was alleen maar sterker geworden nadat Fabian mij van de ene op de andere dag verliet. Eigenlijk was ze de enige aan wie ik mijn gevoelens kwijt kon. Alles was bespreekbaar, niets taboe. Heerlijk. Ook hadden we hetzelfde gevoel voor humor en konden we elkaar ontzettend voor de gek houden of op de kast jagen, zonder dat dit tot problemen leidde. Geheimen hadden we niet voor elkaar. Mijn beginnende mailcorrespondentie met Arnoud was dus geen uitzondering.

Ze zag meteen aan mijn gezicht en houding dat er iets was gebeurd en ze keek me veelzeggend aan. Helaas was het druk en kon ik niet direct vertellen wat er was gebeurd. Terwijl ik een lach probeerde te onderdrukken concentreerde ik me op mijn werkzaamheden. Ik wist dat Laura niet zou kunnen wachten tot de pauze en dat was ook zo.

Al snel stond ze naast me en fluisterde ze: 'Jij hebt iets uitgevreten. Vertel op.' Ik kon mijn lachen nauwelijks inhouden en fluisterde terug dat ik niets had gedaan wat zij ook niet zou doen, namelijk Arnoud antwoorden. Met grote ogen keek Laura me aan, maar inmiddels was het zes uur en ging de veilingbel. Ik kon aan haar gezicht zien dat ze me nog veel meer wilde vragen en dat ze ervan baalde dat ze nu koffie moest inschenken en ik door de zaal moest lopen. Toch kon ik het niet laten elke keer dat ik langs Laura liep, snel weer wat te vertellen. Waar het hart vol van is...

'Hij zegt een zeilschip te hebben en een zeiler te zijn. Hij heeft er zelfs zijn beroep van gemaakt.' Voorzichtig keek ik om me heen of niemand meeluisterde, want ik wilde niet dat Fabian iets zou horen.

'Echt waar? Dat meen je niet. Waar? In Frankrijk?'

'Waarschijnlijk wel. Hij zeilt elk jaar wedstrijden op de Middellandse Zee en heeft zijn boot in een haven aan

de Franse kust liggen. De luxe kant,' zei ik met een knipoog.

'De verkeerde kant dus,' merkte ze droog op.

Ik schoot in de lach. Ze had gelijk, voor mij was dat
absoluut de verkeerde kant. Ik houd helemaal niet van
die opgeklopte high society aan de Côte d'Azur. Geef mij
maar de rustiger, natuurlijker en ongerepter kant van de
Franse kust. 'Ja, helemaal de verkeerde kant, maar zolang hij dat niet is komt het allemaal goed.' En lachend
liep ik weg.

Laura's nieuwsgierigheid was echter nog lang niet be-
vredigd. En hoewel we elke keer door collega's werden
gestoord, gingen we in de kleine pauze gewoon verder
met ons gesprek.

'Zit hij nu ook in Frankrijk?' Ik nam een slok thee en
schudde mijn hoofd. Volgens Arnouds profiel woonde
hij in de regio Nijmegen, waar Laura meteen weer een
positieve draai aan gaf. Nijmegen was zeker niet naast
de deur, maar een uur rijden was te doen. Uit mijn ooghoek zag ik Fabian voorbijlopen. Snel nam ik nog een
slok thee. Dat die te heet was en mijn verhemelte ver-
brandde nam ik op de koop toe. Zolang ik dat andere
maar niet hoefde te voelen.

Toen het werk er eindelijk op zat wist Laura alles van
Arnoud: zijn haarkleur, de kleur van zijn ogen, zijn leef-
tijd, opleiding, talenkennis en alles wat er verder nog in
zijn profiel had gestaan. Ik had haar ook een beschrijving gegeven van zijn foto's: een blonde reus. Geen moment twijfelde ze aan de oprechtheid van de onbekende
mailschrijver. Ze vond het net als ik een groot avontuur,

een avontuur dat ze misschien zelf ook wel had willen meemaken.

Vanaf dat moment hield ik Laura van alles op de hoogte. De volgende ochtend begon dan ook zoals te verwachten viel.

'En, heb je al iets van hem gehoord?'

Met een strakke blik schudde ik mijn hoofd. Ik had na het werk, voor ik ging slapen en vanmorgen vroeg meteen gekeken, maar er was helemaal geen mail. Ik probeerde mijn teleurstelling te verbergen, zelfs voor Laura. 'Misschien heeft hij mijn profiel nog eens goed bekeken en ziet hij af van verder contact.' Nonchalant haalde ik mijn schouders op.

'Dan is hij hartstikke gestoord,' reageerde Laura op mijn negatieve zelfbeeld. 'Waarschijnlijk heeft hij nog geen tijd gehad om te reageren en zit er straks gewoon een reactie in je inbox.' Troostend sloeg ze een arm om me heen.

Ze had vast gelijk. Ik maakte me druk om niets, en als hij niet reageerde was er nog geen man overboord. Inwendig moest ik lachen om dit woordgrapje.

Maar ook 's middags en de dagen erna hoorde ik niets meer van Arnoud. Ik had me er al bij neergelegd dat ik bij nader inzien misschien toch zijn type niet was, dat mijn profiel hem niet aanstond of dat er gewoon een betere kandidaat was geweest. Ik vond het jammer, maar kon er ook niet al te lang bij stilstaan, hoewel ik mezelf erop betrapte dat ik verschillende keren per dag aan hem dacht.

Tot ik plotseling weer een e-mail van hem in mijn mailbox zag staan. Meteen was mijn stoere onafhankelijkheid verdwenen en snel klikte ik de mail open. Mijn ogen schoten over de regels en opgelucht zag ik dat zijn zwijgen niets met mij te maken had.

'Sorry dat ik nog niet gereageerd had op je mail. De afgelopen twee dagen heb ik doorgebracht in het ziekenhuis, waar mijn vader vrij plotseling is opgenomen. Omdat mijn moeder afgelopen november is overleden en ik geen broers of zussen heb, pas ik een beetje op mijn vader.' Natuurlijk begreep ik zijn stilte. Een mailcorrespondentie met een vreemde heeft in zo'n situatie absoluut geen prioriteit. Maar hoe rot ik het ook voor hem vond, de laatste regel vond ik het belangrijkste: 'Ik moet zeggen dat ik het heel leuk vind dat Frankrijk en zeilen ook jouw interesse hebben.' Tevreden las ik de regel nog een keer over. Ik had zijn aandacht getrokken en afgezien van het feit dat ik hem steeds boeiender begon te vinden, leek hij ook nog zorgzaam te zijn. Hoeveel zonen met een goedlopend en druk bedrijf gaan twee dagen in het ziekenhuis zitten om bij hun zieke vader te zijn?

Snel stuurde ik hem een mail terug waarin ik hem veel sterkte wenste en daarna belde ik meteen Laura op. Na dagen stilte kon ik haar eindelijk vertellen dat mijn mysterieuze correspondentievriend nog steeds geïnteresseerd was.

'Ik heb antwoord gekregen!'

'Van die zeiler?' vroeg Laura gretig. 'Is die sukkel dan eindelijk wakker geworden?'

Ik schoot bijna in de lach, maar dat was gezien de situatie eigenlijk niet echt gepast en in een paar woorden vertelde ik haar dat hij bij zijn vader in het ziekenhuis zat.

'Jeetje, Miek, dat is niet mis. Is het erg?' Laura's stem klonk nu serieus, maar of het ernstig was kon ik haar niet vertellen, daarover had hij niets geschreven. Nog even bleven Laura en ik door keuvelen. Ook zij vond het logisch dat Arnoud niet eerder iets had laten horen. Hij had wel wat anders aan zijn hoofd.

Na twee dagen besloot ik hem nog een mailtje te sturen en te informeren hoe het nu met zijn vader ging. Dit keer reageerde hij wel snel en gelukkig leek het met zijn vader iets beter te gaan. Hij lag nog steeds in het ziekenhuis en moest geopereerd worden aan een abces in zijn twaalfvingerige darm. Het was zware gespreksstof voor twee mensen die elkaar helemaal niet kenden, iets wat Arnoud ook opmerkte, maar het kwam heel natuurlijk en veilig over. Misschien juist wel omdát we elkaar niet kenden.

Ondanks al zijn privéproblemen bleek Arnoud toch geïnteresseerd in wat er in mijn leven speelde. Heel attent vroeg hij hoe het met mij ging en of ik nog leuke plannen had voor het weekend. Eigenlijk had ik wel medelijden met Arnoud. Misschien ging alles niet helemaal zoals ik wilde, maar iedereen om wie ik gaf was gezond, waar ik heel dankbaar voor was. Ook was ik geen enig kind en leefden mijn ouders nog. Wat voor mij ook wel belangrijk was, was dat hij duidelijk aangaf dat hij in me geïnteresseerd was. Zijn afsluitende woorden 'Ik hoop je snel weer te lezen/mailen' zorgden voor kriebels in mijn buik en ik werd steeds nieuwsgieriger naar deze man die met elk mailtje iets meer van zichzelf prijsgaf.

Dezelfde avond nog kwam er weer een mailtje van Arnoud. Het contact begon nu echt op gang te komen en hoewel ik nog steeds niet wist wie er achter de schrijver zat, besloot ik toch iets meer over mezelf te vertellen. Ik begon er plezier in te krijgen en voor ik het wist had ik een lange mail geschreven met allerlei onbenullige feitjes.

Zo had ik de avond ervoor naar het Eurovisie Songfestival gekeken. Ik vertelde Arnoud dat ik in geen jaren gekeken had en het wel eens was met de winnaar. Ik realiseerde me dat dit misschien overbodige informatie was en dat de man mij hierdoor wel eens als een tuthola kon beschouwen, maar het kon me niet schelen. Dit was ook wie ik was en na de teleurstelling van mijn vorige relatie, wilde ik absoluut mezelf kunnen zijn in een eventuele nieuwe relatie.

Ook vertelde ik hem dat ik Port de la Rague, waar zijn zeiljacht lag, had gevonden, inclusief een luchtfoto. De locatie zag er mooi en rustgevend uit, maar mijn ervaringen en kennis lagen aan de andere kant van de kust, tussen Marseille en Spanje. Ik benadrukte nogmaals dat ik de Côte d'Azur dan ook niet echt kende, behalve dat ik er wel eens doorheen was gereden. Dat het me ook nooit had aangetrokken liet ik maar even achterwege. Misschien zou ik samen met Arnoud wel tot een andere conclusie komen. Inwendig moest ik om mezelf lachen: ik zag ons al samen op een zeilschip zitten, nippend aan een glas wijn.

Verder vertelde ik hem over mijn weekend. Omdat de kinderen dit weekend bij mijn ex waren, had ik me voornamelijk beziggehouden met allerlei klusjes en welverdiende rust. Ook was ik bezig om uitnodigingen te schrijven voor de verjaardag van mijn moeder die in de zomer vijfenzestig zou worden.

En zo typte ik maar verder, tot ik me realiseerde dat ik een beetje aan het doordraven was. Lacherig schreef ik dat ook in mijn mail, met mijn welgemeende excuses erbij. De mail inkorten deed ik echter niet. Ik vond het leuk om me wat meer bloot te geven.

Lang hoefde ik niet op zijn antwoord te wachten. 'Je draaft niet door hoor, ik vind het wel leuk om meer over jou en je leven te horen.' Gelukkig, ik had hem niet laten schrikken met al mijn huis-tuin-en-keukenverhalen. Het leek zelfs alsof het hem had aangemoedigd ook iets meer over zichzelf te vertellen.

'Ik heb twee kinderen: Bill van veertien jaar en Nicole van twaalf.' Blijkbaar ook kinderen uit een vorige relatie. Wel zo prettig, want dan zouden mijn jongens hem in elk geval niet afschrikken en zou hij weten hoe hij met kinderen moest omgaan.

Inmiddels was het al behoorlijk laat. Arnoud trok die conclusie ook en kondigde aan dat hij naar bed ging. Ik vond het jammer, het liefst had ik nog even wat over en weer gemaild, maar morgen was het inderdaad weer vroeg dag en een hele nacht aan de computer blijven zitten was zeker niet verstandig. Met een diepe zucht schakelde ik mijn computer uit en ging naar boven.

Vanaf dat moment veranderde mijn ochtendritueel. Zodra de wekker ging liep ik naar beneden om de computer aan te zetten. Omdat het al een oud exemplaar was duurde het opstarten altijd lang en in de tussentijd maakte ik snel het ontbijt klaar. Zoals verwacht had Arnoud geen problemen met mijn drie kinderen, hij was zelfs uitgesproken enthousiast en hoopte dat hij snel de kans zou krijgen ze te ontmoeten. Dat was wel een opluchting. De man intrigeerde me en het zou jammer zijn geweest als hij zich had laten afschrikken door mijn drie jongens. Tevreden ging ik naar mijn werk, met mijn gedachten bij mijn nieuwe mailvriend.

De dagen daarop wisselden we steeds meer informatie uit over ons leven, hoe de dag was verlopen, hoe het met de kinderen was en natuurlijk ook over het werk. En ik ging steeds vaker aan hem denken, met dat fladderige gevoel van opwinding. Arnoud stuurde me meer foto's van zichzelf, van zijn schip en zijn woning in Frankrijk. Het was spannend, maar tegelijkertijd zorgden de foto's ervoor dat ik me begon af te vragen of dit allemaal wel verstandig was. Het leven dat Arnoud leidde stond zo ver van het mijne af. Natuurlijk had ik het niet slecht. Ik had een baan, een eigen woning, een auto en zo nu en dan de mogelijkheid om iets leuks te doen. Zolang ik lette op de uitgaven was het prima te doen, maar veel bleef er natuurlijk niet over. Voor Arnoud was dat een heel ander verhaal. Ik had door de mailcorrespondentie al wel begrepen dat hij het niet slecht had, maar toen ik de foto's van zijn woning zag bekroop me het gevoel dat ik nooit aan zijn verwachtingen kon voldoen.

Met Laura besprak ik mijn twijfels. 'Wat moet ik nou? Het is duidelijk dat hij in een heel andere wereld leeft. Ik zal hem alleen maar teleurstellen.'

Zuchtend schudde Laura haar hoofd. 'Schei toch uit, Miek, ik begrijp best dat je je zorgen maakt, maar om dan meteen maar alles af te kappen... Kijk nou eerst eens hoe het allemaal loopt; je denkt veel te ver vooruit. Volgens mij wordt het wel eens tijd dat er iets positiefs in je leven gebeurt. En dat verdien je ook. Kom op nou, je hebt genoeg ellende gehad. *Just go for it!*'

Mijn tegenargumenten dat Arnoud twee woningen had, drie auto's, een zeilschip, een eigen bedrijf en weet ik wat nog meer, veegde ze van tafel. Volgens haar moest ik gewoon genieten van wat er op me af kwam. 'Zie het als een uitdaging, een avontuur. Als het je niet bevalt kun je er altijd nog mee ophouden. Geniet nou gewoon eens een keer.'

Diep in mijn hart moest ik haar wel gelijk geven. Ik was niet van plan om hem kaal te plukken, en Arnoud leek helemaal geen problemen te hebben met mijn status van alleenstaande moeder. Waarschijnlijk zat het allemaal in mijn hoofd en maakte ik me zorgen om niets. Het was ook niet meer zo makkelijk om de relatie af te kappen. Arnoud intrigeerde me en ik had bepaalde gevoelens voor hem ontwikkeld. Ik besloot daarom het advies van Laura op te volgen en het gewoon allemaal aan te kijken.

Ik vertelde wel over mijn Assepoester-gevoel aan Arnoud. Ik wilde open en eerlijk tegen hem zijn en daar hoorden mijn twijfels ook bij. Ik maakte duidelijk dat er voor mij financiële grenzen waren en dat ik onder geen enkele voorwaarde van zijn welvaart wilde profiteren.

Hij schrok van mijn gevoelens en in zijn antwoord verontschuldigde hij zich voor het sturen van de foto's. Hij wilde me een indruk geven van zijn leven, maar het was absoluut niet de bedoeling om op te scheppen of een bepaalde druk op mij te leggen. 'Geld speelt voor mij geen belangrijke rol. Het is prettig dat het er is, maar daar houdt het dan ook wel mee op.' Natuurlijk is geld niet belangrijk als je het hebt, dacht ik sceptisch, maar ik was opgelucht dat hij blijkbaar geen opgeklopte rijkaard was die prat ging op zijn succes. Ik besloot om mijn bezwaren nog maar even te laten voor wat ze waren en ons contact verdiepte zich. Het moment dat we onze telefoonnummers uitwisselden liet dan ook niet lang op zich wachten.

Niet dat er meteen werd gebeld, maar de sms'jes schoten al snel over en weer. In eerste instantie voornamelijk reacties op mails. Door zijn werk was Arnoud vaak onderweg en nu kwamen mijn mails direct binnen op zijn telefoon. Via sms reageerde hij dan vrijwel meteen, met als enige nadeel de lengte. Ze waren zo lang dat ik ze vaak in etappes moest binnenhalen en aangezien geduld niet mijn sterkste punt is, irriteerde me dit. De meeste berichtjes gingen over wat hij op dat moment deed en gaven inzicht in zijn persoon en het leven dat hij leidde. 'Sta nu op de parkeerplaats van de golfclub. Ga zo golven met mijn ex-schoonvader. Gelukkig heb ik met hem nog steeds een goede verhouding. Laat straks nog wat van me horen. Arnoud x'.

Die kusjes waren er langzaam ingeslopen, maar ze gaven me een goed gevoel. Ik raakte steeds meer overtuigd van de oprechtheid van Arnoud en zijn stabiliteit als persoon, iets waar ik enorm naar hunkerde. Hoewel ik me in probeerde te houden, merkte ik dat er toch een soort seksuele spanning ontstond tussen Arnoud en mij. Als ik mijn telefoon hoorde, hoopte ik dat het een sms van hem was. Ik was zelfs teleurgesteld wanneer dat niet het geval was. Soms baalde ik van mezelf. Ik wilde niet afhankelijk zijn, maar het was net alsof ik in een andere wereld leefde, in een soap of een romantische film. Ik vertoonde alle symptomen van iemand die verliefd aan het worden was, terwijl ik geen idee had wie die ander was. Ik drukte mijn twijfels meestal snel weer de kop in. De aandacht die Arnoud me gaf was gewoon heerlijk.

Ook irrationele overwegingen speelden mee in mijn hoop dat dit allemaal voorbestemd was. De initialen van mijn broer en schoonzus, die elkaar ook via internet ontmoet hadden, waren D en D, bij Arnoud en mij was dit A en A. Dit moest een teken zijn, toch? Het kon gewoon geen toeval zijn. Maar de belangrijkste reden dat ik wilde dat dit zou slagen, was waarschijnlijk het fiasco met Fabian. Ik had op geluk gehoopt en misschien was Arnoud wel gezonden om me dit geluk te geven.

Het eerste telefoongesprek was een opluchting, een bevestiging van wat ik in mijn hart allang hoopte te weten. Het was alsof we elkaar al jaren kenden en de gesprekken verliepen natuurlijk en prettig. Net als de mails en smsjes ging het meestal over kleine dingen: het schilderen van een muur, de gezondheid van zijn vader, de mensen die hem hielpen met de verhuizing naar een nieuw kantoor, zoals ene Ger en zijn beste vriend Marco. Hij gaf me het gevoel dat ik deel uitmaakte van zijn leven en hoewel ik de mensen over wie hij sprak niet kende, leek dat wel zo.

We hadden het ook veel over de drukte en spanning van zijn werk. Steeds meer werd het me duidelijk dat Arnoud een echte zakenman was, iemand die alles prima op orde leek te hebben en zijn privéleven heel goed kon scheiden van zijn zakelijke beslommeringen.

Tijdens de telefoongesprekken begon Arnoud aan te dringen op een ontmoeting. Eigenlijk was het inmiddels ook wel tijd om elkaar te ontmoeten. Ik had die behoefte ook, meer dan ik aan mezelf wilde toegeven, maar ik wilde wel afspreken op neutraal terrein. Hoe romantisch ik ook was, je wist maar nooit.

Nadat we eindelijk een afspraak hadden gemaakt, volgde er een week van spanning, opwinding en twijfel. Hoewel ik Arnoud goed dacht te hebben leren kennen, kende ik hem natuurlijk eigenlijk helemaal niet, dat wist ik best. Misschien was hij helemaal niet wie hij voordeed te zijn. Ik was heel eerlijk geweest en de foto's die in mijn profiel stonden en die ik naar hem had verzonden waren allemaal echt, maar hoe zat dat met hem? Misschien was hij wel een ouwe vent, kaal, verschrompeld, een viezerik. Dat gebeurde vaker, ik kende de verhalen uit de bladen. Hoewel ik niet kon geloven dat Arnoud zou liegen over wie hij was, vond ik het doodeng. Stel dat ik het mis had?

Terwijl de dag van de ontmoeting naderde, steeg de

spanning. Hoe zou het zijn om mijn mysterieuze corres-pondentievriend eindelijk in het echt te ontmoeten? Hoe zou ik me voelen? En hoe zou ik omgaan met een eventuele teleurstelling?

2

Ik wilde Arnoud ontmoeten op een neutrale plek waar ook andere mensen waren. Omdat ik met de kinderen naar een pretpark zou gaan, besloot ik dat dit een uitstekende locatie was. Daarbij zou ik Arnoud meteen aan Olivier, Vincent en Chris kunnen voorstellen en zien hoe hij met de drie jongens omging.

Het zou een vuurproef zijn, niet alleen voor hem, maar ook voor de kinderen en mezelf. Vooraf had ik de jongens niets verteld. Ik wilde hun spontane reactie zien en hield er half en half rekening mee dat Arnoud helemaal niet zou komen opdagen. In dat geval hoefde ik niets uit te leggen aan mijn illustere drietal.

Zodra het park openging, dromden de jongens naar binnen. Ik had kramp in mijn buik van de zenuwen. Het weer was prachtig en vol goede moed gingen we om te beginnen naar een houten achtbaan. Ik hield van het geluid waarmee de wagentjes over de baan denderden, maar voor de jongens ging het allemaal veel te langzaam en de volgende attractie was dan ook de grote achtbaan. Ze konden er geen genoeg van krijgen. De vorige keer dat we hier waren was de baan door een defect dicht en waren ze erg teleurgesteld geweest. Zelfs Chris, mijn jongste, had eindelijk net de juiste lengte en kon volop mee genieten. Natuurlijk hielden de jongens het langer vol dan ik, na een paar rondjes hield ik het voor gezien en bleef ik naast de achtbaan op ze wachten. Zittend in de zon, alleen met mijn gedachten.

Rond half twaalf ging de klimbaan open en Vincent, mijn middelste, zei dat hij wilde 'boomklimmen'. Niet in echte bomen, maar op een parcours met palen met netten en hindernissen. De andere twee hadden hun zinnen gezet op de vlotten in het meer en ergens in het midden stond ik, zodat ik alles in de gaten kon houden. Met mijn mobieltje dat ik tegen beter weten in steeds even uit mijn zak haalde om te controleren of ik misschien een oproep had gemist. Arnoud kon nu elk moment bellen en de zenuwen gierden door mijn lichaam en de twijfel sloeg weer genadeloos toe. Was dit wel de juiste manier om kennis met iemand te maken? Misschien was een andere dag of locatie beter geweest voor de kinderen? Nerveus beet ik op mijn lip en met klamme handen probeerde ik een ontspannen indruk te maken en niet al te hysterisch om me heen te kijken. Ik was zo gespannen dat toen de telefoon uiteindelijk overging, ik me rot schrok. Het was iets na twaalven en Arnoud was net door de poort. Pratend door de telefoon leidde ik hem naar de plek waar ik me bevond. Het zweet brak me uit. Er was geen weg meer terug.

Gespannen keek ik in de richting van waar hij moest komen aanlopen, terwijl ik tegelijkertijd de kinderen in de gaten hield. Aangezien ik wist van welke kant hij zou komen, zag ik hem eerder dan hij mij zag.

De man die verscheen was zeer correct gekleed, nog net niet in een pantalon, maar in een lichtbeige plooibroek, geruit overhemd – waarvan alleen het bovenste knoopje open was – en keurige zwarte schoenen. Als de kers op de taart had hij een grote portefeuille onder zijn arm geklemd en zijn haar in een strakke scheiding gekamd. Waarschijnlijk de perfecte outfit voor een diner op Buckingham Palace, maar voor een dag in een pretpark was hij veel te stijf en uitermate burgerlijk gekleed. De moed zonk me in de schoenen en het liefst had ik me omgedraaid, maar het was al te laat. Het voordeel was wel dat de spanning van de afgelopen uren volledig verdween. Het enige probleem dat ik nu nog had was hoe ik de komende uren met hem doorkwam. Inwendig zuchtend bleef ik wachten tot hij de laatste meters had afgelegd, zodat ik hem de hand kon schudden.

Een beetje onwennig en ongemakkelijk stonden we tegenover elkaar. Het was inderdaad de man die ik op de foto's had gezien, maar als iemand me had gezegd dat dit Arnouds broer was, dan had ik het ook geloofd. Toch zag ik iets in zijn ogen wat me raakte en terwijl ik me iets meer ontspande, lukte het me om te glimlachen. Een lach die meteen door hem werd beantwoord. Ik realiseerde me dat het ook voor hem ontzettend vreemd moest zijn.

Vincent had inmiddels vanaf zijn klimparcours in de gaten gekregen dat er iets vreemds aan de hand was en vroeg met wie ik stond te praten. Ik gaf niet echt antwoord en zei dat hij eerst maar eens naar beneden moest komen. Enigszins opgelaten bleef ik naast Arnoud staan. Alsof de duvel ermee speelde, kwamen nu ook Chris en Olivier naar ons toe. Verbaasd keek Olivier me aan en hij vroeg half achterdochtig wie die man was.

'Misschien kun je jezelf eerst even netjes voorstellen, Olivier? Dan krijg je vanzelf antwoord op je vraag.' Mijn stem klonk iets scherper dan bedoeld, want ik was toch nog best zenuwachtig. Netjes gaf Olivier Arnoud een hand en stelde zich voor. Chris volgde het voorbeeld van zijn grote broer, stelde zich voor en gaf Arnoud een hand. Natuurlijk waren daarmee hun vragen niet voorbij. Ze kenden nu zijn naam, maar verder wisten ze nog niets. Wie was hij, waar kende ik hem van en vooral, waarom was hij hier? De nieuwsgierigheid droop ervan af. Vincent was inmiddels klaar met zijn klimparcours en kwam ook naar ons toe. Zonder dat ik het hem hoefde te vertellen stelde hij zich voor.

Tot mijn opluchting kwamen er verder even geen vragen en zorgden mijn jongens ervoor dat de situatie wat luchtiger werd. Vincent nam het voortouw en beval Arnoud bijna om met hem in een attractie te gaan. Door zijn ongedwongen houding en spontaniteit ebde de spanning al snel weg. Lachend en pratend liepen we in de richting van hun favoriete attractie, maar eenmaal aangekomen ging Arnoud niet mee. Zonder een spier te vertrekken liet hij weten dat dit soort achtbaan niet echt zijn favoriete onderdeel was en dat hij een zwakke rug had. Ik probeerde mijn gezicht in de plooi te houden. Zwakke rug? Hoe deed hij dat dan met zeilen? Kon hij geen betere smoes verzinnen? Maar veel tijd had ik niet om erover na te denken, want de jongens trokken me alweer mee. Arnoud bleef ondertussen op ons wachten.

Zowel Vincent als Olivier liet het hier echter niet bij zitten en na drie rondjes besloten ze dat het tijd was om Arnoud mee te nemen naar een andere attractie. Chris had geen zin meer en wilde samen met Olivier terug naar het water. Waarschijnlijk had Vincent meer behoefte aan mannelijke aandacht in zijn leven, want hij liep nu glunderend alleen met Arnoud naar de achtbaan, terwijl ik bij het water bleef zitten om de andere twee in de gaten te houden.

Bij terugkomst bleek dat Vincent alleen in de achtbaan was gegaan. Teleurgesteld kwam hij naast me staan en maakte zijn ongenoegen zonder omhaal kenbaar. 'Mam, Arnoud is een watje. Hij durfde niet eens in deze achtbaan, terwijl deze niet eens over de kop gaat.' Snuivend stond Vincent aan mijn arm te trekken en ook Olivier en Chris vonden het maar raar.

Arnoud haalde alleen zijn schouders op, maar even later zag ik hoe hij naar zijn kleding wees. Hij deed zijn dresscode op deze manier in elk geval alle eer aan. Waarschijnlijk was de rotaryclub een betere locatie voor hem geweest en ik kon een glimlach niet onderdrukken.

Om de kritiek van de kinderen wat te temperen en het Arnoud niet nog moeilijker te maken, stelde ik voor om te gaan lunchen. Bij een van de vele restauraties liepen we naar binnen en zochten een tafeltje. De keuze viel op pizza en samen met Olivier ging ik de bestelling halen en afrekenen. Arnoud bleef bij de andere twee zitten.

Tijdens de maaltijd bestookten de jongens Arnoud

met allerlei vragen waarmee de stiltes die af en toe vielen tot een minimum werden beperkt.

'Heb je kinderen? Wat voor werk doe je? Waar woon je?' De een na de andere vraag werd op hem afgevuurd. Als Vincent een hap nam, stelde Olivier een vraag en als Olivier een hap nam, stelde Chris een vraag. Het was bijna een slapstick. Maar door die regen aan vragen ontdekten de jongens onder andere dat hij veel tijd in Frankrijk doorbracht, iets wat door Vincent meteen werd opgepakt: 'Mijn moeder heeft zestien jaar in Frankrijk gewoond en spreekt heel goed Frans.' Lachend knikte Arnoud. Natuurlijk wist hij dit al, maar dat konden de jongens niet weten, dus gelukkig deed hij net of zijn neus bloedde en speelde hij vol overtuiging de onwetende vriend. Het feit dat Arnoud gescheiden was en zelf ook twee kinderen had maakte hem in de ogen van de jongens geschikter, ondanks zijn flauwe houding bij de attracties. Blijkbaar vonden ze de mysterieuze vriend van hun moeder toch wel spannend en interessant. Iets wat ik ook vond: juist de tegenstrijdigheden die ik bij hem ontdekte intrigeerden me.

Aan het eind van de middag waren we allemaal aardig verhit geraakt en trakteerde Arnoud ons op een ijsje, waarna we naar de auto's liepen. Het ongemakkelijke gevoel dat ik aan het begin van de middag had gehad, kwam weer terug. Ik wilde naar huis, de kinderen waren moe en we hadden allemaal een lange dag achter de rug, maar eigenlijk wilde ik Arnoud ook niet zomaar achterlaten.

Alsof Arnoud mijn twijfel aanvoelde stelde hij voor

om met z'n allen uit eten te gaan. De jongens waren meteen erg enthousiast en wat moet je dan als moeder? Op zich vond ik het een leuk idee, maar aan de andere kant vond ik het nog veel te vroeg om samen uit eten te gaan, en ik kon me ook niet ook echt verheugen op een maaltijd in een restaurant met drie wildebrassen van jongens. Ze waren het grootste deel van de dag druk bezig geweest en het was een kwestie van tijd voordat de vermoeidheid zou toeslaan en stilzitten een te grote inspanning zou worden. Voorzichtig liet ik weten dat ik dit niet zo'n goed idee vond en dat het beter was om een andere keer uit eten te gaan.

'Kunnen we dan niet thuis barbecueën?' vroeg Olivier.

'Ja, lekker, barbecueën!' riepen de andere twee. Ze zagen het helemaal zitten en zuchtend gaf ik toe.

Eigenlijk was ik te moe om te barbecueën, maar het was een mooie tussenoplossing. Olivier en Vincent stapten bij Arnoud in de auto. Hij reed in een Range Rover, die een zeer grote aantrekkingskracht uitoefende op de oudste twee. Chris besloot echter met mij mee te gaan. Met een glimlach aaide ik hem over zijn bol. Ik was benieuwd hoe de avond zou verlopen.

Eenmaal thuis dook ik meteen in de diepvriezer om te zien of ik nog iets had wat geschikt zou zijn voor de barbecue. Ik had er helemaal geen rekening mee gehouden dat Arnoud na afloop met ons mee zou kunnen gaan en kwam er dan ook snel achter dat ik bij lange na niet voldoende voedsel in huis had. Ik moest dus naar de supermarkt, er zat niets anders op. In mijn hoofd begon ik te rekenen hoe ik deze aanslag op mijn budget moest opvangen, maar dat was een zorg voor later. Nu zat ik met drie hongerige kinderen, een wildvreemde hongerige man en de belofte dat we zouden gaan barbecueën.

Hoewel ik me er niet helemaal prettig bij voelde liet ik Arnoud in de tuin achter bij de drie jongens. Gelukkig was de supermarkt niet al te ver en binnen twintig minuten was ik terug, voorzien van salades, stokbrood, houtskool en verschillende soorten vlees.

Bij de aanblik van Arnoud met mijn drie zoons, smolt mijn hart. Het was duidelijk dat Arnoud wist hoe hij met ze om moest gaan. Ik had me zorgen om niets gemaakt en al snel waren we gezellig aan het eten.

De jongens hadden het grillen op zich genomen en deden stuk voor stuk hun best om Arnouds aandacht te krijgen. Terwijl ik met een schuin oog de kinderen in de gaten hield, kwam ik er eindelijk aan toe om met Arnoud te praten en ik herkende steeds meer de man die ik in de e-mails en telefoongesprekken had leren kennen.

Wat me opviel was dat hij heel veel wist over schepen. De passie waarmee hij praatte over de zeilen, de functie van de zeilen, de lijnen en hoe deze moesten worden opgerold, het hout van het dek, de wijze waarop dat moest worden behandeld en de invloed die de zon en het zeewater erop hadden, liet zien dat schepen zijn lust en zijn leven waren. Al snel werd ik meegesleept in zijn enthousiasme en kon ik bijna de zilte zeelucht proeven. Vooral de SY Duende was zijn grote liefde. Voor hem bezat dit schip alles en was het perfect. Niets kon eraan tippen.

Lachend genoten we van het eten, de barbecue en elkaars gezelschap. Ik kon er maar niet over uit hoe natuurlijk het allemaal leek.

Ook vertelde Arnoud meer over zijn verleden. Zijn tijd op Sint Maarten was voor hem duidelijk erg belangrijk. Zijn leven in zijn villa, de wedstrijden die hij daar had gevaren en gewonnen, alles passeerde de revue. Vooral aan de tijd die hij daar samen met zijn vader had doorgebracht had hij speciale herinneringen.

'Helaas heeft mijn moeder door haar ziekte nooit de kans gehad om langs te komen.' Hij zuchtte en even lag er een trieste uitdrukking in zijn ogen. Mijn hart ging naar hem uit en ik moest de neiging onderdrukken om mijn hand op zijn arm te leggen. Ik hield mezelf voor dat het daarvoor nog te vroeg was en knikte slechts begrijpend. Mijn ouders leefden nog, maar ik kon me heel goed voorstellen dat het pijnlijk was om een van je ouders te moeten missen.

Natuurlijk vertelde ik hem ook over mijn leven in Frankrijk. Het werd steeds duidelijker dat onze wederzijdse liefde voor Frankrijk en de zee een band tussen ons schiep. Langzamerhand begon ik in te zien dat ik deze man en een eventuele relatie toch wel een kans wilde geven. We hadden veel interesses gemeen en naarmate ik door onze gesprekken meer inzicht kreeg in zijn bedrijf en werk, merkte ik dat dit me fascineerde. Logisch, zijn charterzeilschip was tenslotte niets anders dan een varend vijfsterrenhotel en als horecafanaat trok me dit ontzettend aan.

Buiten de SY Duende was Arnoud bezig met een tweede zeilschip, dat momenteel nog in Griekenland lag en dat hij binnenkort zou ophalen. Samen met een nog aan te nemen chartermanager wilde hij het gereedmaken voor verhuur.

Ik benijdde de persoon die hij zou gaan aannemen als chartermanager. Wat zou het geweldig zijn om zo'n functie te mogen vervullen. Hoewel ik wist dat ik niet de kwalificaties had om de functie die Arnoud voor zich zag in te vullen, kon ik het niet helpen dat ik droomde van zo'n baan.

Hoewel ik nog uren met Arnoud kon praten vond ik het rond half elf toch echt de hoogste tijd om de jongens in bed te stoppen en Arnoud naar huis te sturen. Natuurlijk protesteerden Olivier, Vincent en Chris met kleine oogjes dat ze nog lang niet moe waren, maar ik was onverbiddelijk. Al hadden we nog een lang weekend na deze vrije Hemelvaartsdag, het was mooi geweest, het was tijd om te gaan slapen.

Terwijl de jongens Arnoud een hand gaven en daarna gingen douchen, liep ik met Arnoud mee naar zijn auto. Hij beloofde snel te bellen en na een omhelzing en drie kussen op mijn wangen, reed hij de straat uit. Ik keek hem na tot hij de hoek om ging en verbaasde me erover hoe mijn gevoelens waren veranderd sinds vanmiddag. Ik had de avond doorgebracht met een interessante man, die het financieel erg goed voor elkaar had. Dat juist hij geïnteresseerd zou kunnen zijn in een werkende moeder met drie kinderen, was net een sprookje. Te mooi om waar te zijn en toch was het zo. Arnoud was echt, vandaag was echt en vanavond was ook echt.

Zijn gepassioneerde verhalen hadden me geraakt.

Eigenlijk was deze ontmoeting bijna perfect, misschien wel iets te perfect, maar aan de andere kant was ik wellicht iets te achterdochtig. Ik liet me ongetwijfeld beïnvloeden door mijn pijnlijke ervaring met Fabian en beoordeelde Arnoud naar diens daden. Fabian was een en al avontuur geweest, maar hij was ook allesbehalve betrouwbaar en bleek uiteindelijk een grote egoïst.

Ik woog alle voor- en nadelen steeds weer tegen elkaar af. Ik kon niet beslissen wat ik wilde, of wat ik juist niet wilde. Het was allemaal zo verwarrend. Toen ik uiteindelijk het nachtlampje naast mijn bed uitdeed en alle leuke momenten van de dag nog eens voorbij liet komen, kon ik maar tot één conclusie komen: ik wilde Arnoud nog een keer ontmoeten; het was te leuk geweest om hem niet nog een kans te geven. En met dat voornemen viel ik uitgeput maar tevreden in slaap.

3

Na deze eerste ontmoeting hadden Arnoud en ik meerdere malen per dag contact via mail of telefoon. Natuurlijk moest er doordeweeks ook gewerkt worden, maar de hele dag keek ik uit naar het moment waarop ik aan mijn computer kon gaan zitten om te zien of er mail was. Wat ik vooral heel fijn vond was het idee dat er iemand in Nijmegen zat te wachten op een bericht van mij. Ik was belangrijk voor iemand en dat gaf me een heel goed gevoel. De vlinders in mijn buik fladderden inmiddels bijna continu rond en ik kon niet wachten om Arnoud weer te zien.

Ook Arnoud liet weten dat hij ontzettend blij was dat hij me had leren kennen. Die woorden maakten dat ik me in de zevende hemel waande en heel soms stond ik mezelf toe te dromen over een leven samen. Hoe zou het zijn om samen met hem langs de Cote d'Azur te wandelen, of champagne te drinken op het dek van de Duende? Aan de ene kant vond ik het heerlijk om me eens helemaal te laten gaan, maar dan weer moest ik lachen om mijn gedweep en fantasieën.

Op een dag gaf Arnoud voorzichtig aan dat hij hoopte

dat er misschien een toekomst voor ons was, en hoewel ik het bijna niet durfde toe te geven, had ik die hoop ook en gretig reageerde ik op zijn berichten. Toch vond ik het nog steeds af en toe moeilijk om me voor de volle honderd procent te geven. Ik durfde het gewoon niet. Ik was bang om weer gekwetst of gebruikt te worden, want ik werd nog steeds dagelijks op mijn werk geconfronteerd met de ruïnes van mijn vorige beslissingen. Ik was voorzichtig, maar raakte steeds meer verslingerd aan Arnoud. Op de een of andere manier fascineerde hij me en zelfs mijn terughoudendheid kon daar niets aan veranderen.

Ook het feit dat ik eenzaam was speelde daarbij waarschijnlijk een rol. De kinderen woonden nog steeds bij hun grootouders en waren twee van de drie weekenden bij hun vader. Door mijn werk en de verhuizing naar Limburg kende ik nog steeds niet veel mensen en sommige weken zat ik meer in de auto dan erbuiten, omdat ik elke mogelijkheid om mijn jongens te zien aangreep. Maar mijn relatie met Arnoud bracht verandering in mijn eenzame leven. Ik begon weer uit te kijken naar de weekenden en toen Arnoud mij uitnodigde om op vrijdagavond samen te dineren, greep ik de uitnodiging met beide handen aan.

Meteen nadat mijn ex-man de jongens had opgehaald, stapte ik in de auto en reed opgetogen naar Berg en Dal, waar Arnoud en ik hadden afgesproken. Ik was nerveus. We hadden elkaar sinds de dag in het pretpark niet meer gezien, maar waar ik me vooral zenuwachtig over maakte was dat het de eerste keer was dat ik tijd met hem alleen zou doorbrengen. Dit keer waren er geen kinderen die als afleiding konden dienen. Alleen Arnoud en ik, niets meer en niets minder. Toch kon ik niet wachten tot ik hem weer zou zien. Laura had me er al mee gepest dat ik verliefd was, maar zover was ik nog niet. Tenslotte kenden Arnoud en ik elkaar nog maar zo kort.

Helaas werkte de vrijdagavondspits absoluut niet mee. Stapvoets ging ik over de snelweg en ik ergerde me dood. Het duurde allemaal zo lang dat ik besloot om Arnoud maar even te bellen. Geïrriteerd trommelde ik met mijn vingers op het stuur, terwijl de telefoon overging.

'Met Arnoud.' Zijn stem klonk rustig en dat werkte meteen kalmerend.

'Met Miek,' zei ik een stuk zelfverzekerder dan ik me voelde. 'Hé, luister, ik sta ongelooflijk vast in de file. Ik weet echt niet hoe lang het nog gaat duren.' Ik probeerde mijn stem rustig te laten klinken, maar ik merkte dat ik de irritatie over de vertraging moeilijk kon onderdrukken.

Gelukkig reageerde Arnoud heel relaxed. Het maakte allemaal niets uit, hij had pas om acht uur gereserveerd, er was nog tijd genoeg. Toch baalde ik enorm: elke minuut vertraging betekende immers een minuut minder samen.

Rondom Nijmegen leek het wel alsof ik in de Randstad was beland. Alles stond vast en tergend langzaam legde ik de laatste kilometers af. Ik had er bijna twee uur over gedaan. Dat begon goed. Uiteindelijk liep ik even over achten het restaurant in en zag Arnoud meteen zitten. Zijn kleding vond ik nog steeds veel te stijfjes, maar daar kon aan gewerkt worden. Ik hoorde Laura in gedachten giechelen toen we het er van de week over hadden: 'Kleding kan worden vervangen, Miek, een leuke kop niet.'

Toen ik eenmaal voor hem stond gaf hij me een hand en een kus op mijn wang. Hij rook lekker. Ik complimenteerde hem met de keuze van het restaurant, dat werkelijk geweldig was. Het eten en de bediening bleken voortreffelijk. Als je zelf in de horeca werkt kijk je altijd kritisch naar je collega's, maar hier was alles prima voor elkaar en Arnoud en ik konden zonder enige afleiding genieten van elkaar en het eten.

Deze keer ging het gesprek voornamelijk over onze families en ouders. Omdat Arnoud geen broers of zussen had, had hij het voornamelijk over zijn ouders en zijn nichtje Patty.

Natuurlijk kwam ook de langdurige ziekte van zijn moeder ter sprake. Ze was jarenlang ziek geweest, maar door de verzorging van zijn vader en de hulp die Arnoud daarbij bood, had ze het nog een paar jaar volgehouden, tot ze in november 2008 dan toch overleed. Arnoud en zijn vader hadden het daar behoorlijk moeilijk mee gehad, vertelde hij, en weer verscheen die trieste blik in zijn ogen die ik op de dag van onze eerste ontmoeting ook al gezien had.

Zijn nichtje Patty had de plaats ingenomen van de broers en zussen die Arnoud nooit had gehad. Omdat Patty als kind veel problemen had met haar eigen moeder bracht ze veel tijd door bij haar tante, de moeder van

Arnoud, en dus ook met haar neef. De andere neven en nichten waren veel ouder dan Patty en hij, en zodoende hadden ze een intense band opgebouwd. Lachend vertelde hij dat zijn nichtje in veel opzichten zijn tegenpool was. Waar hij groot en fors was, was Patty juist klein en tenger. Ook was Arnoud netjes en georganiseerd, terwijl Patty slordig en wispelturig van aard was.

'Eigenlijk is het een wonder dat we elkaar zo graag mogen,' grapte Arnoud en om dit te beamen, hief ik lachend en met een toostend gebaar mijn glas wijn. Zijn band met haar had hem ook geholpen om het verdriet van zijn moeders overlijden te verwerken. Op dat moment moest hij zijn vader tot steun zijn en als Patty er niet was geweest, had hij er helemaal alleen voor gestaan.

Zelf vertelde ik veel over mijn jeugd in Frankrijk waar ik als negenjarig meisje samen met mijn ouders en jongere broer naartoe verhuisde. De eerste jaren hadden we daar in een vakantiepark gewoond, voorzien van speeltuin, zwembad en veel personeel bij wie je altijd terechtkon voor een ijsje of een knuffel. Het was een heerlijke tijd en samen met mijn broertje genoot ik van alle aandacht en de voorzieningen die mijn nieuwe woonplaats bood.

Na een aantal jaren besloten mijn ouders dat het tijd werd voor iets nieuws. Ze wilden weer zelfstandig ondernemer worden en begonnen een eigen restaurant in de haven. Het was het begin van een totaal ander leven. Een eigen bedrijf runnen vergt tijd en vanaf het moment dat het toeristenseizoen begon was mijn vader nagenoeg afwezig. De avonden bracht hij door in het restaurant en als hij thuiskwam ging hij slapen.

Toen het restaurant steeds beter begon te lopen, werden ook mijn broer en ik ingeschakeld en zo begon mijn liefde voor de horeca. Het samenwerken versterkte ook de relatie tussen mijn ouders, broer en mijzelf. Natuurlijk had ik net als elke puber 'moeilijke' jaren met mijn ouders en vond ik mijn broertje geruime tijd het irritantste en stomste jongetje dat er bestond, maar uiteindelijk zou ik ze geen van allen willen missen, dat hadden de jaren waarin we met ons vieren hard hadden gewerkt me wel geleerd.

Al pratend realiseerde ik me dat een goede relatie met je familie een groot goed was. Je hoeft het niet altijd met elkaar eens te zijn en een fikse discussie hoort er af en toe ook bij, maar als puntje bij paaltje komt wist ik dat ik op mijn familie kon rekenen. Het was een vorm van onvoorwaardelijke liefde die ik niet goed uit kon leggen. Ik kon altijd terugvallen op mijn familie en zij op mij. Een vertrouwd gevoel dat ook voor mijn kinderen gold; ze waren erg gelukkig bij hun opa en oma.

Onze gesprekken voelden zo natuurlijk aan, dat ik op een gegeven moment begon te vertellen over mijn relatie met Fabian en hoe pijnlijk die voor me was afgelopen. Uiteraard vertelde ik Arnoud ook dat ik nog steeds voor Fabian werkte en dat ik daar veel moeite mee had. Op deze manier kwam ik nooit echt los van hem en dat was wel wat ik heel graag wilde. Het was fijn om over mijn verleden met Fabian aan een andere man te vertellen. Het hielp me om de relatie met Fabian te verwerken en los te laten, en het zorgde ervoor dat ik me nog dichter bij Arnoud voelde staan.

De manier waarop Fabian mij aan de kant had gezet maakte hem razend. 'Belachelijk. Wat een ontzettende klootzak. Zoiets doet een echte vent niet.' Aan de andere kant stak het me dat Arnoud zo over Fabian sprak, tenslotte kende hij hem niet, maar aan de andere kant gaf het me ook een prettig gevoel. Fabian was inderdaad een lul en Arnoud vond het vreselijk dat iemand mij zo aan mijn lot had overgelaten. Voor hem was het gewoon misbruik en kon er geen sprake van liefde zijn geweest. Anders zou je zoiets niet doen.

Arnoud werd meer en meer mijn perfecte man. Mijn ridder op het witte paard. Begripvol, loyaal, succesvol, interessant en welgesteld. Wat wil een vrouw nog meer?

Het was een in alle opzichten geslaagde avond. Er was nog zo veel dat me aan deze man boeide en aan het eind van de avond escorteerde Arnoud me galant naar mij auto en legde hij uit hoe ik het beste kon terugrijden naar de snelweg. Ondanks mijn interesse in Arnoud reageerde ik een beetje verlegen en gelukkig bleef Aroud de *perfect gentleman*. Met een nieuwe afspraak in het vooruitzicht reed ik vol goede moed de tachtig kilometer terug naar huis. Morgen zouden we elkaar alweer zien!

De volgende dag besloten Arnoud en ik naar Maastricht te gaan. We hadden afgesproken dat hij mij rond tien uur in de ochtend zou ophalen, maar door een ongeluk liep dit vertraging op. Hij vertelde dat er een lading van een vrachtauto was gevallen en dat hij die niet had kunnen ontwijken. Gelukkig was er alleen materiële schade, maar de rompslomp die volgde nam veel tijd in beslag. Politie, invullen van schadeformulieren, wegslepen van de auto, het was allemaal niet een-twee-drie opgelost. De sleepauto was nog onderweg, net als een vriendin van de familie die hem zou ophalen. Als dat allemaal was geregeld, zou hij de auto van zijn vader meenemen en toch nog mijn kant op komen.

Ik was allang blij dat er niets ernstigers was gebeurd. Voor hetzelfde geld was hij gewond geraakt, maar door dit ongeluk was het uiteindelijk wel al na enen toen we naar Maastricht reden. Door het tijdstip en het mooie weer besloten we de stad te laten voor wat ze was en lekker op een terrasje van de zon en een drankje te genieten. Ook nu weer spraken we over van alles en nog wat en vlogen de uren voorbij. Tot dan toe was het meer over zijn familie en ouders gegaan, maar zijn recente verleden was daarbij achterwege gebleven. Ik wist dat hij net als ik was gescheiden en dat hij twee kinderen had, maar daar bleef het wel bij. Ik was blij en opgelucht toen Arnoud ook hierover wat opener werd. Ik zag het als een blijk van vertrouwen en het gaf me een warm gevoel vanbinnen.

Na zijn echtscheiding had Arnoud zes maanden op zijn schip doorgebracht, alleen met zijn twee honden, zonder bemanning. Emotioneel zat hij er helemaal doorheen. De dag dat het schip tijdens een storm omsloeg en met zware averij weggesleept moest worden, schudde hem wakker en dwong hem terug te keren naar de wereld van alledag. Hij pakte zijn zaken op en ging weer denken aan zijn toekomst. Het was tijd om verder te gaan, hoe moeilijk dat ook was.

Net als ik miste Arnoud zijn kinderen vreselijk. Nicole en Bill woonden bij zijn ex-vrouw, maar waar Henk en ik een goede verstandhouding hadden, zeker wat betreft onze kinderen, was Arnouds relatie met zijn vrouw ernstig verstoord. Hij zag zijn kinderen nauwelijks en schilderde zijn ex-vrouw af als een hebzuchtige vrouw, die alleen belangstelling had voor zijn geld. Ook vertelde hij dat ze na hun trouwdag al vrij snel een verhouding had gekregen met zijn beste vriend.

Kort na de geboorte van Nicole vertelde zijn vrouw hem dat ze bij hem wegging. Ze ging samenwonen met haar minnaar. Na dit nieuws had Arnoud direct een DNA-test op hem en zijn pasgeboren dochter laten uitvoeren. Hij wilde er zeker van zijn dat híj de vader was, niet de minnaar van zijn vrouw. Hoewel de uitslag lang op zich liet wachten, bleek dat hij wel degelijk de verwekker was: een lichtpuntje aan een verder aardig duistere hemel. Ik begreep best dat Arnoud zich een paar maanden op een schip had verborgen en nergens meer zin in had gehad. De man die alles leek te hebben verloor immers het enige wat je niet met geld kon kopen: geluk en zijn kinderen. Ik begreep nu ook waarom mijn achtergrond hem niet veel kon schelen. Zijn ex was een op geld beluste vrouw en mijn nuchterheid en behoefte aan zelfstandigheid sprak hem waarschijnlijk aan.

Dit verhaal maakte me woedend. Wat twee scheidende ouders ook van elkaar vonden, hun kinderen mochten daar niet onder lijden. Het was tenslotte niet hun schuld dat hun ouders niet meer met elkaar door één deur konden. Een vader had in mijn ogen het recht om zijn kinderen te zien en tijd met hen door te brengen.

Zelfs telefonisch contact was moeilijk in Arnouds situatie en werd door de moeder van zijn kinderen zo veel mogelijk belemmerd. De kinderen konden nooit vrijuit praten omdat zijn ex of haar vriend naast de kinderen bleef staan om het gesprek te volgen. Tot groot verdriet van Arnoud verloor hij hierdoor steeds meer het contact met zijn kinderen, vooral met zijn dochter. Met zijn zoon bleef de band sterk en goed, ondanks alle pogingen van diens moeder om dit te verhinderen. Ik hoopte dat onze relatie hier misschien in de toekomst verandering in zou kunnen brengen.

Natuurlijk hadden we het ook weer over zijn bedrijf en de openstaande vacature van chartermanager. Er moest nog zo veel gebeuren en het takenpakket van deze persoon zou op z'n minst uitdagend zijn. Met open mond luisterde ik naar de verantwoordelijkheden die Arnoud opsomde: verhuurschema's opstellen, taakomschrijvingen van het personeel aan boord opstellen, het bijhouden van de voorraden, het contact met havenmeesters, wasserettes, bloemisten, groothandels, wijnleveranciers, het aansturen van het personeel en het voeren van onderhandelingen met alle leveranciers en instanties. Daar kwamen ook nog de bijbehorende speciale evenementen bij kijken voor de promotie van de schepen en het bedrijf zoals het filmfestival in Cannes, de seizoensopening in Monaco, zeilwedstrijden van klassieke schepen in St.Tropez. Maar toen kwam het mooiste: Arnoud dacht dat ik perfect zou zijn voor de functie. Met mijn kennis van de Engelse en Franse taal, mijn ervaring in de horeca en inzichten in het hotel- en restaurantwezen, zou ik zeker in staat moeten zijn om die rol op me te nemen. 'Bovendien,' en daarin had Arnoud absoluut gelijk, 'ben je toch op zoek naar een andere baan?'

Natuurlijk sprak de baan me aan, ik had er zelfs al over gefantaseerd, maar hoe moest het dan met onze relatie? Was het wel zo verstandig om voor hem te gaan werken als we privé ook iets hadden? Zo was het met Fabian ook gegaan en die fout wilde ik niet nog eens maken. Stel dat het privé niet zou lopen tussen Arnoud en mij? Zou ik dan opnieuw al die ellende mee moeten maken? Op dat moment wist ik niet of ik bereid was dat risico nogmaals te lopen en ik probeerde dit uit te leggen aan Arnoud, die het wel leek te begrijpen. Hij vond het wel ontzettend jammer. In zijn ogen was ik de geschikte kandidaat en was het voor mij een prachtige kans om mijn vaardigheden uit te breiden en mezelf te bewijzen. Toch durfde ik niet overstag te gaan. Ik had tijd nodig om erover na te denken.

We besloten de avond in Venlo door te brengen, waar Arnoud verderging met me meer over hemzelf te vertellen. Onder andere over de problemen die hij in het verleden met de fiscus had gehad. Hiervoor was hij zelfs ten onrechte opgepakt en had hij een paar maanden in de gevangenis gezeten. Na enige tijd hadden ze hem wegens gebrek aan bewijs weer moeten vrijlaten. Volgens Arnoud had hij gewoon gebruikgemaakt van de mazen in de wet. Hij wilde niet meer geld naar de belasting brengen dan strikt noodzakelijk was. Zelfs de fiscus had hier niets aan kunnen veranderen. Ik was geraakt door zijn eerlijkheid. Het was niet mis wat hij vertelde en toch had hij het aangedurfd. Blij keek ik over de rand van mijn glas wijn naar de man die me in zo'n korte tijd weer zin in het leven had gegeven.

Het was een fantastische avond en vlak voordat Arnoud naar huis ging spraken we af dat ik de volgende dag naar zijn kantoor zou komen. Dan zou ik eindelijk wat meer inzicht krijgen in zijn bedrijf. Ik kon niet wachten, want ondanks mijn bezwaren om bij Arnoud in dienst te treden, kon ik het idee ook niet zo makkelijk loslaten. Een bezoek aan zijn kantoor zou absoluut geen kwaad kunnen.

De volgende dag belde ik eerst met Laura. Ik wilde weten wat zij vond van de mogelijkheid om voor Arnoud te gaan werken. Eigenlijk hoopte ik dat ze het me zou afraden, maar dat was niet het geval.

'Meid, je moet die spoken uit je verleden eens loslaten, hoor. Je lijkt wel een grammofoonplaat die blijft hangen.' Ik hoorde haar enthousiasme en voelde hoe mijn bezwaren al wat grond begonnen te verliezen. Ik wilde ook zo graag geloven dat dit allemaal echt was.

'Gewoon doen, joh. Wat heb je nou te verliezen?' Laura's stem klonk zelfverzekerder dan ik me voelde. Ik had juist een heleboel te verliezen, maar aan de andere kant was er ook zo veel geluk te behalen. Samen met Arnoud zou het geweldig zijn.

Daarna belde ik mijn moeder en vertelde dat ik een baan aangeboden had gekregen. Ze reageerde enthousiast en zei dat het haar een behoorlijke kans leek, en dat ik maar het best ja kon zeggen. Om redenen die ik zelf niet eens helemaal begreep verzweeg ik dat er ook privé een kans leek te zijn.

Tegen het middaguur meldde ik me op het kantoor van Arnoud. Er lagen veel tijdschriften van charterschepen en bouwtekeningen. Ook stonden er indrukwekkende beeldschermen. Het zag er allemaal zo echt uit dat ik besloot om de stoute schoenen aan te trekken en Arnoud te vragen hoe serieus hij was over de functie die hij mij had aangeboden.

'Heel serieus, Annemieke. Ik denk absoluut dat je dit kunt en je hoeft echt niet bang te zijn dat je baan in gevaar komt als het uiteindelijk privé niets gaat worden tussen ons. Ik ben niet zoals Fabian.' Enthousiast, maar vervolgens weer serieus, tikte hij op mijn hand. Zwijgend knikte ik. Ik wilde hem zo graag geloven.

Daarna bespraken we het contract, het salaris en bijbehorende zaken zoals laptop, mobiel, auto en vaste vergoeding. Ik kon mijn oren niet geloven toen ik hoorde wat ik zou gaan verdienen, maar volgens Arnoud was dat in deze branche normaal, net als een auto van de zaak. Tenslotte zou ik regelmatig leveranciers moeten bezoeken en dagelijks vanuit Venlo naar kantoor rijden. Ook zou ik soms in Frankrijk nodig zijn, dus een gewone reiskostenvergoeding zou niet volstaan. De hoogte van het salaris had volgens Arnoud ook te maken met de uren die van me gevraagd zouden worden en de tijden waarop er af en toe werd gewerkt. Het klonk allemaal heel aannemelijk en ik wilde dolgraag een betere situatie voor de kinderen en mezelf creëren. Ik wilde hun meer kunnen bieden. De mogelijkheid om met hen de zomer in Frankrijk te kunnen doorbrengen, droeg daar alleen maar aan bij.

En weer brokkelde er een stukje van mijn terughoudendheid af.

'Er is één maar, Annemieke.' Vragend keek ik Arnoud aan. 'Ik wil echt dat je op 1 juli begint. Op die manier ben je meteen bij het begin van het charterseizoen beschikbaar.'

Dat was op zich heel logisch, maar het betekende wel dat ik nog dezelfde dag mijn ontslag bij mijn huidige werkgever moest indienen. Met zijn rechterhand pakte hij mijn linkerschouder vast en kneep er zachtjes in, alsof hij wilde zeggen dat ik me echt geen zorgen hoefde te maken. Dat het allemaal goed zou komen en dat hij daar persoonlijk voor zou zorgen. Een warm gevoel stroomde door mijn lichaam en zonder er verder over na te denken gaf ik toe.

'Oké, laten we het dan maar doen.' Zenuwachtig beantwoordde ik zijn brede lach en knuffel. Wat ruikt hij toch lekker, schoot het door mijn hoofd en een heel leger aan vlinders dwarrelde door mijn buik.

4

Omdat het kantoor nog geen internetaansluiting had, besloten we de computer van Arnouds vader te gebruiken om mijn ontslagbrief te versturen. Arnoud had me al eerder verteld dat hij op een zogenaamde bunkerboot woonde, een boot waar andere boten konden tanken. Hij huurde de woning al jaren en toen zijn ouders het financieel moeilijk kregen had Arnoud hun aangeboden om bij hem te komen wonen. Hij was toch nauwelijks thuis. De regeling kwam nu helemaal goed van pas, want op deze manier kon hij een oogje in het zeil houden en inspringen mocht er iets misgaan. Ik vond dat zo lief van hem. Zijn zorgzame kant oefende op mij een enorme aantrekkingskracht uit.

Toen we aankwamen rook ik bij het uitstappen de geur van water. Een speciale geur die met de wind werd meegevoerd. Galant hield Arnoud de deur van de auto voor me open en gaf me een bemoedigende knipoog. Hij wist dat ik er tegen opzag om zijn vader te ontmoeten, hij kende me al zo goed. Ook dat gaf me een goed gevoel en ik liep achter hem aan het dek op.

Zijn vader Wim zat op het terras dat was ingericht op

het dek. Zenuwachtig maakte ik kennis met hem. Na even gepraat te hebben, werd ik naar een computer geleid en binnen vijf minuten had ik mijn mail verzonden. Met een vreemd gevoel sloot ik internet weer af. Ik nam niet alleen afscheid van mijn werk en collega's, ik nam in zekere zin ook weer afscheid van Fabian. Omdat ik wist dat hij dat weekend bij zijn ouders in Duitsland zou zijn, stuurde ik hem ook nog een sms met de mededeling dat mijn ontslagbrief in zijn inbox zat. Ergens hoopte ik op een reactie, maar natuurlijk kwam die niet. Waarschijnlijk kon het hem niets schelen en vond hij het wel prima zo.

Ik was een beetje weemoedig. Mijn ontslag bracht uiteenlopende gevoelens met zich mee. Blijdschap aan de ene kant, verdriet aan de andere kant. Het waren gevoelens die ik zo diep mogelijk wegstopte.

Ik probeerde mezelf tot de orde te roepen: doe niet zo raar, Annemieke, zowel lichamelijk als financieel brengt dit je rust. Wat kun je nog meer wensen? Onwillekeurig slaakte ik een diepe zucht.

Arnoud keek me bezorgd aan, sloeg zonder iets te zeggen zijn arm om mijn middel en trok me tegen zich aan.

En dat was het moment waarop ik me overgaf. Tegen zo veel zorgzaamheid was ik niet bestand. Ik legde mijn hoofd tegen zijn schouder en liet al mijn angsten varen. Weer zuchtte ik even, maar dit keer was het een zucht van verlichting.

Natuurlijk belde ik ook mijn ouders om hun het goede nieuws te vertellen. Ze waren opgetogen over wat de toekomst mij zou gaan bieden en vonden het een geweldige ontwikkeling. Aangemoedigd door hun enthousiasme realiseerde ik me dat mijn toekomst er inderdaad heel anders uit ging zien. Anders, maar leuk. Alsof al het voorgaande er niet meer toe deed.

Om het te vieren besloten Arnoud en ik wat te gaan drinken en eten in een nabijgelegen restaurant. Het was prachtig weer en de eetgelegenheid lag in een mooi, bosrijk gebied. Er heerste een gezellig drukte die helemaal bij onze stemming paste. We spraken af dat ik, ondanks mijn werk op de veiling, al veel tijd op het kantoor van Arnoud zou doorbrengen. Omdat ik de middagen meestal vrij was, kon dat ook makkelijk. Op deze manier kon ik alvast kennismaken met het bedrijf en alles wat er bij het charteren van schepen kwam kijken. Mij maakte het allemaal niet uit. Ik wilde dicht bij Arnoud zijn en of dit nu zakelijk was of privé, ik vond het allemaal prima.

Tijdens het eten kwam Arnoud ook terug op de gesprekken over Fabian die we eerder hadden gehad. Hij had geen goed woord voor Fabian over. Volgens hem was de manier waarop hij me aan de kant had gezet gewoon onmenselijk. Arnoud kon maar niet begrijpen dat er dergelijke mensen bestonden, mensen die eropuit waren om anderen te kwetsen en pijn te doen en op die manier zo veel leed konden veroorzaken. Hij was vol liefde en begrip voor mij, mijn angsten, mijn pijn en de hele situatie.

Al die tijd hield Arnoud mijn hand vast, streelde die met zijn andere hand en keek diep in mijn ogen. De vlinders bereikten onderhand orkaankracht.

We hadden het ook weer over zijn ex-vrouw Eline. Arnoud was heel bitter. 'Ze was alleen maar uit op mijn geld en status en weet je, Miek, dat is nog steeds zo. Zelfs de kinderen gebruikt ze hiervoor. Walgelijk gewoon!' Arnouds ogen spoten vuur en kleine druppeltjes speeksel vlogen over tafel. Ik kon zien dat het hem heel hoog zat en terecht. Als gescheiden vrouw met drie kinderen vond ik het ontzettend belangrijk dat de kinderen zo min mogelijk leden onder de scheiding en dat ze hun vader regelmatig zagen. Dat zijn ex-vrouw de kinderen gebruikte als machtsmiddel vond ik onbegrijpelijk.

De conclusie die we uit onze verhalen trokken was dat we blijkbaar allebei waren gebruikt en misbruikt door onze vorige partners. Ergens had ik medelijden met hem. Natuurlijk is het erg als je in de steek wordt gelaten, maar in mijn geval had ik tenminste zeker geweten dat de mannen in mijn leven echt van me hadden gehouden. Zelfs daarvan was Arnoud niet zeker.

Ik nam me voor om hem te laten zien dat het ook anders kon. Dat echte liefde nog bestaat. En ik greep zijn hand vast en kneep er zachtjes in.

Toen hij terugkneep wist ik dat hij me begreep. Onze gevoelens waren hetzelfde. Dat was zeker.

Rond elf uur reden we terug naar het huis van zijn vader, want mijn auto stond daar nog steeds geparkeerd. Toen we daar waren aangekomen, stapten we uit Arnouds auto en keken uit over de Rijn. Boven ons schitterde een prachtige sterrenhemel. Het was zo romantisch en ik kroop iets dichter tegen hem aan. Voorzichtig sloeg ik mijn arm om zijn middel. Arnoud sloeg zijn armen om me heen en kuste me op mijn lippen. Het was alsof mijn hele lichaam begon te tintelen en voorzichtig kuste ik hem terug.

Het was goed en prettig en het was het juiste moment, maar ik had zelf niet het initiatief durven nemen, hoewel ik al wel vaak over deze eerste kus had gefantaseerd. We kusten elkaar nogmaals en gingen helemaal in elkaar op. Met Arnouds armen om me heen voelde ik hoe zijn warmte mijn lichaam begon te verwarmen. Ik kroop zo goed en zo kwaad als het ging nog dichter tegen hem aan en voelde me veilig en geliefd. Na al het verdriet om Fabian had ik voor het eerst weer het gevoel een echte vrouw te zijn. Arnouds armen gaven me ook een gevoel van bescherming en ik voelde me klein vergeleken met deze man.

Zo bleven we enige tijd staan. In stilte, met onze armen om elkaar heen en af en toe kussend. Genietend van het gevoel dat het ons gaf. Het was een prachtig moment, maar het was ook al laat en voor mij de hoogste tijd om naar huis te rijden, en na nog een omhelzing en een kus namen we afscheid.

Die nacht sliep ik nauwelijks. Ik kon alleen maar denken aan hoe Arnoud me had gekust en hoe het had gevoeld. Wat mij betreft kon het niet snel genoeg ochtend zijn en we samen naar Muiden zouden gaan om te wandelen en wat naar de boten te kijken.

Om twaalf uur waren we in Muiden. Er was heel veel te zien en we bleven even staan bij een schip dat op 'palen' stond. Arnoud wist mij van alles te vertellen over hoe het zat met de diepgang van een schip. De kiel was duidelijk zichtbaar en zag er enorm groot uit, tenminste in mijn ogen, maar volgens Arnoud was de kiel van de SY Duende wel twee keer zo groot. Sommige schepen waren onder water bijna net zo 'hoog' als boven water. Ik was onder de indruk. Niet alleen van de schepen, maar ook van Arnoud. Hij leek hier ontzettend veel van te weten en rustig probeerde hij zijn kennis met mij te delen. Hoe meer hij vertelde, hoe leuker ik hem vond.

Uiteindelijk besloten we op een terrasje te gaan zitten om iets te drinken. Al snel begreep ik dat de vrouw van het stel dat aan een ander tafeltje tegenover ons zat, een Française was en toen zij doorkreeg dat ik haar kon verstaan, sprak ze me aan. Er volgde een leuk gesprek in het Frans, waaruit Arnoud in elk geval kon opmaken dat ik inderdaad de Franse taal beheerste en het mij tegelijkertijd duidelijk werd dat dat bij hem absoluut niet het geval was. Eigenlijk moest ik daar wel om lachen. Arnoud had de laatste jaren meer tijd doorgebracht in Frankrijk dan in Nederland, en volgens mij zou hij dan toch wel iets beter Frans hebben moeten spreken. Plagend zei ik dat dan ook tegen hem.

'In de charterwereld is de voertaal Engels, Miek.'

Ik kon me dat best voorstellen, maar volgens mij was hij gewoon verlegen en een perfectionist. Even streek ik met mijn hand langs zijn wang.

Na een tijdje besloten we om nogmaals door de haven te lopen. Arnoud genoot ervan om mij de schepen te laten zien en erover te vertellen en ik bleef het heerlijk vinden om naar hem te luisteren en in zijn nabijheid te zijn. De avond brachten we door bij mij thuis, maar echt laat kon ik het niet maken. Om half vijf in de ochtend werd ik weer verwacht op de veiling en hoewel mijn werkzaamheden daar ten einde liepen, wilde ik mijn plicht niet verzaken. Ook zou ik de volgende dag een gesprek met Fabian hebben over mijn ontslag, iets waar ik best tegen opzag.

Gek genoeg bleek de volgende dag dat ik me zenuwachtig had gemaakt om niets, want Fabian liet me weten dat hij er helemaal geen probleem mee had. Toen hij de roosters had bekeken, gaf hij me zelfs toestemming om halverwege de maand over te stappen naar mijn nieuwe baan.

Dankzij mijn werktijden had ik steeds een halve dag over die ik alvast besteedde aan mijn nieuwe baan. Hoewel ik nog niet officieel in dienst was bij Arnoud, was ik al volop aan het werk. Arnoud vond het belangrijk dat ik meteen zou meedraaien in alle voorbereidende werkzaamheden. Op die manier leerde ik het bedrijf goed kennen en zou ik ingewerkt zijn op het moment dat mijn betrekking een feit zou worden. Een groot deel van mijn vrije middag besteedde ik aan het zoeken naar geschikte bedrijven waar we de inrichting van de nieuwe charterboot, de SY Sensation, zouden gaan aanschaffen. We besloten een kijkje te nemen bij het filiaal in Veenendaal.

Met veel enthousiasme werden we ontvangen door de heer Mild, die, zoals achteraf bleek, ook de eigenaar was van de zaak. Arnoud wist hem algauw te interesseren voor zijn toekomstplannen. Het was dan ook een groot project: alleen al voor de SY Sensation moesten we het schip voor tien personen inrichten. Er waren dus voor elk bed een matras, twee kussens, dekbedden, overtrekken, slopen en bijpassende lakens nodig. Verder zochten we nog voor elke hut badjassen en handdoeken. Naar de prijs vroeg Arnoud niet.

De eigenaar liet ons enthousiast alle mogelijkheden zien.

Omdat het schip het eerste weekend van juli gereed moest zijn voor zijn eerste chartervaart, drukten we de heer Mild op het hart dat er enige spoed achter de bestelling zat, maar mits alles voorradig was, was dit volgens Mild absoluut geen probleem. We zouden binnen vierentwintig uur een offerte ontvangen en na akkoord van onze kant en de aanbetaling van vijftig procent van het totale aankoopbedrag, zou de heer Mild er zorg voor dragen dat de goederen tijdig geleverd werden. Met een stevige handdruk bevestigden we de afspraken en enthousiast stapten we weer in de auto. Arnoud complimenteerde me met mijn gevoel voor stijl en inrichting. Met rode wangen nam ik zijn complimenten in ontvangst. Het deed me goed om te horen dat ik blijkbaar gevoel had voor dit werk en natuurlijk dat Arnoud me goed vond.

Behalve dat we zakelijk onafscheidelijk werden, werden we privé ook intiemer. Na ons romantische moment aan de kade legde Arnoud regelmatig zijn arm om mijn schouder of gaf hij me in het voorbijgaan een vlugge kus. Ik begon dit steeds prettiger te vinden en ik reageerde vaker op deze aanrakingen. Op kantoor kusten we elkaar voor het eerst echt, en we gingen steeds een stapje verder, maar het was altijd zeer aangenaam. Ik maakte me er ook geen zorgen om dat Arnoud verder zou willen gaan dan waar ik op dat moment klaar voor was. Hij was in alle opzichten een echte heer. Hij hield deuren voor mij open, en als ik in de auto wilde stappen opende hij het portier en sloot deze weer zodra ik zat. Als we informatie hadden gekregen van bedrijven of winkels die we hadden bezocht, dan droeg hij de tassen en ook schoof hij mijn stoel aan als ik aan tafel ging zitten. Regelmatig vroeg ik me af hoe lang hij dit gedrag zou volhouden. Het was grappig en zelfs fijn, maar het kwam ook wat ouderwets en heel soms zelfs beklemmend over. Maar hoe kon ik deze aandacht voor details anders dan positief interpreteren? Ik besloot te genieten van alle aandacht die Arnoud me schonk. Dit was tenslotte wat ik altijd had gewild. Een man voor wie ik nummer één was.

5

Het weekend daarop, het was inmiddels begin juni en al aardig aan het zomeren, zou ik doorbrengen bij mijn ouders voor een familiereünie. Die vrijdag haalde ik de jongens uit school en ik vertelde ze dat ik een kijkje wilde nemen bij een autodealer in Apeldoorn. Op aandringen van Arnoud, gezien de afstanden die ik voor mijn nieuwe baan zou moeten gaan afleggen, was ik druk op zoek naar een nieuwe auto die dan bedrijfs- en privé-auto in een zou zijn. Hoe moeilijk ik het ook vond om afstand te moeten doen van mijn oude auto, een Seat Leon – ik was er nog niet helemaal over uit of ik wel een andere auto wilde –, op internet had ik een aardige Suzuki gezien: een fourwheeldrive, lekker stoer en met een goede wegligging. Dat de auto ook als automaat beschikbaar was, was in mijn geval een prettige bijkomstigheid. Een aantal jaren geleden was er bij mij beginnende reuma geconstateerd en een handgeschakelde auto was voor mij al snel te zwaar.

Het leek me leuk om dit samen met de jongens te doen. Natuurlijk hadden ze geen vetorecht, maar ik wilde hen er toch bij betrekken. Tenslotte zouden zij er ook regelmatig in zitten. In de showroom bekeken we de modellen en plotseling zag ik hem: de perfecte auto. Voorzien van bijna alles wat ik wilde. Omdat de auto dienst had gedaan als showroommodel was hij ook snel beschikbaar. Binnen tien dagen zou er een trekhaak op worden gemonteerd en zou de auto rijklaar zijn. Dit was veel sneller dan Arnoud en ik gepland hadden, dus ik besloot hem meteen te bellen. Dit soort belangrijke beslissingen kon ik niet alleen nemen. Het zou een auto van de zaak worden, dus Arnoud moest de laatste stem hebben.

Gelukkig was Arnoud niet al te ver uit de buurt, dus stelde hij voor om een kleine omweg te maken en mijn kant op te komen, zodat we gezamenlijk een proefrit konden maken. De jongens klommen in de auto en we reden weg. Het was een fantastische rit en even fantaseerde ik dat we met z'n vijven richting Frankrijk zouden rijden. Met een brede glimlach zat ik aan het stuur en toen ik opzij keek, zag ik hoe Arnoud teruglachte en knipoogde.

Bij terugkomst kregen we meteen wat te drinken aangeboden en ook de kinderen werden in de watten gelegd. Uitvoerig bespraken we de mogelijkheden, kosten, de betalingen die uit het buitenland moesten komen en de levertijd.

Arnoud liet de keuze helemaal aan mij over. Het ging erom dat ik me prettig voelde in de auto. Als ik wilde, dan konden we deze auto nu bestellen, of kopen, maar als ik eerst nog verder wilde kijken, was dat ook prima. Het klonk allemaal heel eenvoudig en gemakkelijk, maar dat was het voor mij helemaal niet. Ik wilde geen verkeerde beslissing nemen en al helemaal niet op kosten van een ander. Na lang wikken en wegen besloot ik nog even te wachten met het doorhakken van de knoop. Ik had bij een andere dealer nog een auto, een Seat Altea, zien staan, die weliswaar minder stoer was, maar wel een heel betrouwbare indruk maakte. En ik was nu eenmaal gehecht geraakt aan het merk door mijn trouwe Seat Leon.

Omdat het ondertussen etenstijd was geworden, nam ik afscheid van Arnoud. Terwijl ik hem een kus op z'n wang gaf keek ik even diep in zijn ogen. Het liefst had ik hem willen zoenen, maar de omgeving en het gezelschap was er niet naar, dus het bleef bij een omhelzing en een blik van verstandhouding. Blij glimlachend reed ik naar mijn ouders.

Eenmaal daar aangekomen, konden de jongens over niets anders praten dan de auto.

'Die auto is echt gaaf, oma.' Olivier kwam bijna niet uit zijn woorden, dus nam Chris het maar even over.

'Hij staat heel hoog op z'n wielen. Echt supercool.'

Toen het enthousiasme een beetje begon weg te ebben gingen ze naar boven en kon ik eindelijk rustig met mijn ouders praten. Niet zozeer over de auto, maar vooral over Arnoud en het werk dat hij deed.

Ik had ook een folder van de SY Duende meegenomen, zodat mijn ouders een indruk konden krijgen van een schip dat al operabel was.

'Nou, Miek, dat ziet er niet verkeerd uit.' Bewonderend bekeek mijn vader de folder en ook mijn moeder was zeer onder de indruk.

Ik knikte. 'Het is inderdaad een prachtig schip, een perfecte melange van klassiek en luxe.' Vanbinnen moest ik om mezelf lachen: ik had het taalgebruik van Arnoud al aardig overgenomen. Zo snel kon dat dus gaan. Nog maar een paar weken geleden had ik helemaal niets van dit soort schepen geweten, nu sprak ik al over de 'perfecte melange van klassiek en luxe'.

Het was voor mijn ouders duidelijk dat ik helemaal opging in mijn nieuwe baan, en dat terwijl ik nog niet eens echt was begonnen. Maar daar zeiden ze niets over, voor hen was het het belangrijkst dat ik gelukkig was. Ik kon niet anders dan genieten, dit was wat ik wilde doen, sterker nog, dit was waar ik altijd naartoe had gewerkt. Ik genoot van het zoeken naar de juiste producten om er een prachtig geheel van te creëren. Het gaf me zelfvertrouwen en ik ademde alle liefde in die Arnoud me steeds weer gaf.

Ik had mijn ouders nog niets verteld over de intieme relatie die ik met Arnoud had en dat er op dat vlak mogelijk ook nog het een en ander zou kunnen veranderen. Voor mij was het veel te vroeg om dit met mijn ouders te bespreken. Ik was nog niet klaar voor de vragen die ze zouden stellen, vooral omdat ik zelf de antwoorden ook nog niet wist. Ik hield onze prille relatie geheim en praatte er alleen met Laura over.

De volgende dag reden we gezamenlijk naar de familiereünie. Een gebeurtenis die we elke twee jaar hielden en waarbij de hele familie kwam opdagen. Ditmaal was de locatie Leiden en Leidschendam. Het weer was fantastisch en samen met mijn kinderen reed ik achter de auto aan van mijn broer, die mijn ouders bij zich had. Gedurende de rit bracht ik de meeste tijd bellend met Arnoud door.

Arnoud zou die dag doorbrengen met zijn zoon, die hij de avond daarvoor had opgehaald in Amsterdam. Vandaag zouden ze gaan zeilen op de Loosdrechtse Plassen en terwijl we aan het telefoneren waren was hij bezig om alle spullen klaar te leggen.

'Vergeet niet om een fototoestel mee te nemen. Dan kun je wat foto's maken van je zoon.' Ik probeerde de vraag luchtig te laten klinken. Arnoud had me verteld dat zijn zoon qua uiterlijk meer op zijn moeder leek dan op hem, maar een foto had ik nog niet gezien. Hij was iets ouder dan mijn kinderen en zat al op de middelbare school, maar meer dan dat wist ik eigenlijk niet en ik was best nieuwsgierig. Als mijn relatie met Arnoud zich verder zou ontwikkelen, zouden zijn kinderen ook een belangrijke plaats in mijn leven gaan innemen. Ik was me daar terdege van bewust en met mijn opmerking had ik geprobeerd om dat Arnoud duidelijk te maken. Hopelijk zou hij de hint begrijpen.

Daarna bracht Arnoud het gesprek op het werk. Er stonden een paar zakelijke reizen op het programma, waaronder een week naar Sri Lanka. Dat ik mee moest was volgens Arnoud noodzakelijk. 'Dan krijg je een beeld van wat er zich daar allemaal afspeelt, Miek, en kun je gelijk kennismaken met Pedro.' Ik kon Arnoud bijna zien glimlachen door de telefoon. Hij beschouwde Pedro, de eigenaar van de scheepswerf, bijna als een vader. 'En dan kunnen we tegelijkertijd een kijkje nemen in mijn huis aan de lagune. Je zult het fantastisch vinden!' Arnoud klonk enthousiast en dat werkte aanstekelijk. Weer voelde ik de bekende vlinders in mijn buik en toen het tijd was om op te hangen merkte ik dat ik dat steeds moeilijker begon te vinden. Gelukkig was ik niet de enige. Ook Arnoud had moeite om op te hangen en dus beloofde ik hem dat ik me op de terugweg weer zou melden en met een 'tot straks', 'fijne dag' en een kus door de telefoon hingen we op.

Keurig op tijd kwamen we aan op de afgesproken plek. Na mijn gesprek met Arnoud kon mijn dag niet meer stuk, ook al was het grotendeels een zakelijk gesprek geweest. We hadden ook over persoonlijke dingen gesproken en daardoor had ik me weer wat dichter bij Arnoud gevoeld en hij bij mij, daarvan was ik overtuigd.

De rest van de dag verliep even voortreffelijk. Vol trots vertelde ik aan iedereen die het maar wilde horen over mijn nieuwe baan in de charterwereld. En als ik het zelf niet vertelde, dan was het wel mijn vader of moeder. Zij waren ontzettend trots op hun dochter, het was bijna ontroerend om te zien. Ik was wel een beetje opgelaten, want eigenlijk had mijn enthousiasme meer te maken met mijn gevoelens voor Arnoud. Omdat ik niets kon en wilde vertellen over mijn nieuwe relatie, sprak ik meer dan misschien noodzakelijk was over mijn nieuwe baan.

Ook sprak ik met een van mijn aangetrouwde neven. Hij had me horen praten over mijn nieuwe baan en vroeg zich af hoe het nu werkelijk met me ging. Net als de meeste familieleden wist hij van mijn ellende met Fabian. Hij had hem twee jaar geleden leren kennen op de vorige familiereünie en had zich niet voor kunnen stellen dat Fabian mij zoiets zou aandoen. Hij leek zo'n aardige vent, zag ik de meeste familieleden, vrienden en kennissen denken wanneer ze het verhaal hoorden. Ook al zeiden ze het niet, ze dachten het wel. Dat wist ik gewoon.

'Alles lijkt zo anders nu. Ik ben ontzettend blij met mijn nieuwe baan. Het kan alleen maar beter worden.' Breed lachend keek ik hem aan. Natuurlijk vertelde ik hem ook over de dingen die ik wel moeilijk vond, zoals de spanningen op het werk. Ik was blij dat ik aan de laatste week was begonnen, want gemakkelijk was het absoluut niet. Maar mijn enthousiasme over mijn nieuwe baan, de schepen, de mogelijkheden tot groei en al het andere maakten veel goed, vertelde ik hem.

Dat ik nog niet wilde praten over Arnoud en onze ontluikende liefde, kwam voor een groot deel door mijn eigen onzekerheid. Natuurlijk wilde ik het dolgraag aan mijn familie vertellen. Er was een nieuwe liefde, ik had nu eens niet gefaald in mijn keuze van een man. Nu was er een succesvolle, interessante en lieve man echt in mij geïnteresseerd. Maar ik kon het nog niet vertellen. Stel dat ik het mis had? Stel dat Arnoud helemaal geen relatie met me wilde? Nee, ik kon nog niets vertellen, want er was nog niets te vertellen.

Ik prees me gelukkig met mijn warme, geïnteresseerde familie en dacht even aan Arnoud, die dit allemaal moest missen. Hoe zou het uitje met zijn zoon gaan?

De rest van de avond verliep rustig en vrolijk. Iedereen genoot van het buffet en elkaars gezelschap en aan het eind van de avond werden de gastheer en gastvrouw bedankt en de volgende slachtoffers bekendgemaakt. Met veel gelach en hier en daar een frons werd deze eer door mijn broer en schoonzus in ontvangst genomen. Zij zouden over twee jaar de familiereünie verzorgen. Ik kreeg bijna medelijden met hen, maar toen ik ze met hun armen om elkaar heen naast elkaar zag staan, dacht ik weer aan Arnoud en mij. Het was hen ook gelukt, gewoon via internet, net als bij Arnoud en mij. Terwijl ik dit overdacht, beet ik me nog meer vast in mijn toekomstbeeld. Ik zou ook gelukkig worden, samen met Arnoud en samen met de kinderen. Alles zou eindigen als in een sprookje, net als bij mijn broer en schoonzusje en misschien zouden wij over vier jaar de reünie organiseren. Misschien wel in Frankrijk, dat zou wat zijn. Glimlachend om mijn dromen kuste ik mijn familieleden gedag.

Op de terugweg naar het huis van mijn ouders had ik mijn mobiele telefoon snel aangezet en een uur lang belde ik met Arnoud. Precies zoals we hadden afgesproken. Net als mijn jongens en ik, had ook Arnoud een hele fijne dag gehad met zijn zoon. Ze hadden heerlijk gezeild op de Loosdrechtse Plassen en hij had het inderdaad met Bill gehad over waar de jongen wilde wonen.

'Wat mij betreft is het duidelijk, Miek. Die jongen wil bij mij wonen en niet langer bij zijn moeder. Hij kan het absoluut niet vinden met zijn stiefvader.' Arnoud kwam sterk en overtuigend over.

'Ik heb alle mogelijkheden met hem besproken en ga nu mijn advocaat opdracht geven om namens Bill een verzoek tot wijziging van de oorspronkelijke regeling in te dienen bij de advocaat van zijn moeder.' Even bleef het stil aan de andere kant. 'Weet je wat moeilijk zal zijn voor die jongen?'

'Nou?' zei ik zachtjes.

'Hij moet zelf zijn redenen en motivatie op papier zetten. Hierdoor krijgt de rechtbank een goed beeld van zijn huidige situatie en wat zijn wensen zijn. Dat is lastig voor een kind. Het is net alsof hij zijn moeder verraadt.' Arnoud zuchtte diep en viel stil.

'Wat zei Bill er zelf over, Arnoud?'

'Tja, die was enthousiast en beloofde me de brief zo snel mogelijk te schrijven en op te sturen.' Arnouds stem klonk rustig, maar ik kon horen dat hij geëmotioneerd was en zijn gevoelens probeerde te beheersen. Ik begreep dat wel, het was tenslotte niet niets. Voor het eerst sinds jaren was er een kans dat het contact met zijn zoon enigszins zou kunnen worden hersteld, maar tegelijkertijd betekende dat opnieuw een gevecht met zijn ex-vrouw. Hoe zouden zijn zoon en dochter daarop reageren? Het waren onuitgesproken vragen van Arnoud, vrij door mij geïnterpreteerd, maar door het gesprek van eerder die dag, kon ik me heel goed voorstellen hoe hij zich moest voelen.

De beslissing om zijn zoon in huis te nemen had ook andere consequenties. Wat die allemaal behelsden kon Arnoud nog niet overzien. Hij zou contact opnemen met zijn advocaat, zodat die kon nagaan welke regelingen er getroffen moesten worden. Een aantal kon hij echter wel overzien en daar spraken we dan ook over. Voor Bill zou het het beste zijn als hij voor het volgend schooljaar bij zijn vader zou wonen. Dan hoefde hij tenminste niet halverwege het schooljaar te wisselen van school, iets wat voor elke puber een grote impact heeft.

'Ik zal een woning in Nederland moeten gaan zoeken. De bunkerboot is niet geschikt voor Bill en mij. Er is veel te weinig ruimte en er zal dus ook absoluut te weinig privacy zijn. Ik hou van mijn vader, Miek, daar gaat het niet om, maar het is nu tijd voor mijn zoon, dat snapt mijn vader ook.' Arnouds woorden klonken logisch en ik begreep zijn beslissing. Natuurlijk moest ik hierbij ook wel even aan ons denken, maar besloot dat dit niet het juiste moment was. Het was allemaal nog zo pril en ik moest het niet nog gecompliceerder maken. Ik begon in plaats daarvan over de reünie en hoe enthousiast iedereen had gereageerd op de folder van de Duende. Hoewel ik het schip nog niet in het echt had gezien, was ik er al ontzettend trots op. Wel vertelde ik Arnoud dat ik het alleen over de zakelijke kant had gehad.

'Ik heb ze nog niet verteld over onze privésituatie.' Ik aarzelde even en hoopte dat Arnoud het zou begrijpen. Eigenlijk hadden we het nog helemaal niet gehad over onze privérelatie en hoe deze zich ontwikkelde. Gelukkig begreep hij dat ik bang was om privé en zakelijk te mengen en hij begreep ook waar deze angst vandaan kwam.

'Ik begrijp dat je het moeilijk vindt, Miek, dat is heel logisch na wat je hebt meegemaakt. Maar ik merk dat ik wel steeds meer voor je ga voelen en hoop echt dat dit wederzijds is en zich verder zal gaan ontwikkelen.' En daar liet hij het bij. Meer zei hij er niet over, hij liet me de ruimte. Dit begrip en dit geduld maakten ook weer bepaalde gevoelens bij me los. Ik kon er niet langer omheen: in de afgelopen weken was ik Arnoud erg leuk gaan vinden.

Arnoud begon weer over Frankrijk te praten. Hij vond het de hoogste tijd om naar Frankrijk te gaan en hij stelde voor om dat het volgend weekend te doen. Dan kon ik meteen kennismaken met de bemanning van de Duende, zijn huis bezichtigen en de regio bekijken waar een groot deel van mijn werk zou plaatsvinden.

We spraken af dat ik de volgende dag nog even bij hem langs zou komen. Dat kon makkelijk op weg naar huis en ik verheugde me er nu al op.

'Arnoud?' Mijn stem klonk onzeker, maar dit keer wilde ik niet zomaar ophangen.

'Ja?'

'Ik wilde alleen maar zeggen dat ik ook steeds meer voor jou voel en net als jij hoop dat dit zich verder zal gaan ontwikkelen.' Mijn hart klopte in mijn keel.

'Mooi zo.' En daar lieten we het bij. Met een brede glimlach hing ik weer op.

De volgende dag ging ik met de jongens naar het zwembad. De kans was groot dat ze daar vrienden van school zouden tegenkomen en dan kon ik rustig een boek lezen. Mijn gedachten werden echter al snel weer opgeslokt door Arnoud. Ik had nog nooit een relatie gehad met een man die ook maar in de verste verte op hem leek. Zijn houding was soms een beetje stijfjes en hij

81

was af en toe zelfs te galant. Aan de andere kant was hij attent, zorgzaam, lief, aantrekkelijk, intelligent en begripvol. Wat wil een vrouw nog meer? Ik vond het heerlijk om met hem op pad te gaan en samen te zijn. Het was vertrouwd, alsof we nooit iets anders hadden gedaan. En ook vond ik het heerlijk om hem te zoenen; mijn adem stokte als ik eraan dacht. En ik verlangde ernaar om hem vanavond te zien, al was het maar even.

De dag kon me eigenlijk niet snel genoeg gaan en toen ik eindelijk in de auto zat, moest ik me inhouden om niet te hard te gaan rijden. Het was dat ik een hekel aan bekeuringen had, want anders had ik het gaspedaal vol ingedrukt. Op dat moment wilde ik alleen maar bij Arnoud zijn, zijn geur ruiken en hem kussen.

We hadden afgesproken op kantoor. Het was de enige plek waar we even alleen konden zijn. Bij hem thuis zat zijn vader en we hadden allebei even geen behoefte aan pottenkijkers. Net als ik had Arnoud zich op ons samenzijn verheugd en we vielen elkaar meteen in de armen. De zakelijke kant was even helemaal niet belangrijk, het enige wat ik wilde was me in zijn armen nestelen. Arnoud was het hier blijkbaar helemaal mee eens, want de grijns op zijn gezicht sprak boekdelen.

In het uurtje dat volgde ontwaakten er vele verlangens in mij en wilde ik me volledig aan Arnoud geven. Ik wilde hem voelen, ruiken, bij hem zijn, niet voor een uur, maar voor altijd. Maar ik wilde ook dat het speciaal zou zijn. Niet hier. De eerste stappen oké, maar de rest niet.

'Miek, zal ik met je meegaan naar Venlo?' Arnouds

stem klonk begerig en het kostte me al mijn wilskracht om hem antwoord te geven.

'Arnoud, ik wil dat onze eerste keer in Frankrijk is. Komend weekend. Het moet speciaal zijn, net zoals jij speciaal bent voor mij.' Ik hoorde slechts een diepe zucht, maar hij drong niet verder aan. Een golf van liefde stroomde door me heen. Bijna bedacht ik me, maar ik wist dat het zo veel specialer zou zijn als we zouden wachten. Die paar dagen moesten we het toch wel kunnen volhouden.

Ik vond het gewoon vreselijk om bij Arnoud weg te gaan en het eerste deel van de reis naar huis bleef ik het ook vreselijk vinden. Ik verlangde naar Arnoud. Ik wilde zijn huid tegen de mijne voelen, tegen me aan, onze lichamen die elkaar zouden ontdekken. Ik hoopte maar dat hij niet vol zat met taboes en dus een saaie piet in bed zou zijn. Ik was daar wel bang voor en praatte erover met Laura, die ik onderweg naar huis belde.

'Straks is het zo'n rechttoe rechtaan type, dat trek ik echt niet, hoor!'

Laura kon er alleen maar om lachen. 'Dat weet je pas als je het uitprobeert, hè? En vanavond heb je die kans laten lopen.'

'Ik wil het pas in Frankrijk doen en tot die tijd help ik mezelf wel.' Nu moest ik hardop lachen en Laura ook.

Ze antwoordde dan ook opgewekt: 'Lang leve ons speelgoed.' En na deze woorden hingen we op. Zij ging slapen, want op die manier was in elk geval een van ons morgen fit.

Toen ik thuiskwam sms'te ik Arnoud. Ik vertelde hem

dat ik hem miste en naar hem verlangde. Binnen een paar minuten kwam er een antwoord. 'Ik verlang ook naar jou, kijk ernaar uit om je morgen weer te zien en te voelen.'

Met een warm gevoel stapte ik in bed. Ik voelde me heerlijk. Het leven was mooi.

6

De jongens vonden het ontzettend spannend dat hun moeder naar het buitenland ging voor haar werk, maar het betekende wel dat ik ze het weekend niet zou zien. Natuurlijk beloofde ik hen dat ik zou bellen en mailen als ik er was, maar ik vond het ook wel moeilijk om ze zo'n lange periode niet te zien. Hun liefde was hartverwarmend en met pijn in mijn hart nam ik afscheid van hen. Uiteindelijk deed ik dit ook voor hen. Mijn nieuwe baan zou het leven een stuk makkelijker maken.

Om mijn werk te combineren met mijn rol als moeder, hadden Arnoud en ik afgesproken dat ik de zomer zou doorbrengen in Frankrijk. Op die manier kon ik tegelijkertijd werken maar ook bij de kinderen zijn. Ook zouden Arnoud en ik dan kunnen kijken hoe het met ons samen ging. Zijn zoon zou ons zeer waarschijnlijk komen vergezellen in die weken, wat ik van harte toejuichte. Ik zou dan eindelijk kennis kunnen maken met Bill en kon niet wachten tot het zover was.

Maar voor het vrijdag zou zijn zou ik eerst nog mijn laatste week op de veiling moeten doormaken. Ik voelde me er vreemd bij. Een dubbel gevoel. Aan de ene kant was ik blij en vol energie, aan de andere kant was ik triest en had ik het gevoel dat er iets in me stierf. Maar het blije gevoel overheerste, ook tijdens die laatste werkdagen in de buurt van Fabian. Door mijn gevoelens voor Arnoud was het verdriet om Fabian wat gesleten. Ik had afstand kunnen nemen en door Arnoud was ik zelfverzekerder geworden. Het was de mensen om me heen ook al opgevallen. Een paar handelaren op de werkvloer hadden er opmerkingen over gemaakt en ook mijn collega's zagen de verandering in mij. Volgens Laura liep ik continu met een glimlach en pretoogjes door de zaal.

Aan het eind van mijn werkdag op de veiling reed ik meteen naar Arnoud. Samen met hem keek ik de planning door voor het komend weekend. We zouden zaterdagmiddag zeilen en na afloop weer terugkeren naar de wal en de avond daar doorbrengen. Een heerlijke dag, maar het eind vond ik nou weer jammer. Het liefst had ik de nacht op de boot voor de kust doorgebracht. Op het water, dat zou pas romantisch zijn. En dat vertelde ik hem ook. Arnoud keek me even aan. Zijn blik bezorgde me kippenvel en ik moest de neiging onderdrukken om hem te kussen.

'Dat is misschien geen slecht idee, Miek, dan kun je meteen kennismaken met alle bemanningsleden.' Hij kuste me even op mijn mond en boog zich daarna weer over zijn planning. 'Ik neem het wel op met de bemanning, dan kunnen ze alles in orde maken voor ons verblijf.'

'Denk je dat ze er een probleem mee zullen hebben dat we meer dan alleen een zakelijke relatie hebben?'

Mijn vraag bleef even tussen ons in hangen.

'Nee, joh, natuurlijk niet. Ze zullen het alleen maar hartstikke leuk vinden,' zei Arnoud zelfverzekerd. Hij zou het vast het beste weten en het gaf me ergens ook wel een goed gevoel. Ik wilde ook niet het stiekeme vriendinnetje van de baas zijn. Ik wilde dat onze relatie open en eerlijk zou zijn.

Even dacht ik aan mijn familie, die nog steeds niet wist dat Arnoud en ik een stel waren. Het leek oneerlijk en ik wist dat ik ze binnenkort moest vertellen wat er aan de hand was. Ik zag ertegen op, maar het moest wel gebeuren.

Mijn onzekerheid over Arnoud en mij was inmiddels verdwenen. Ik was stapelgek op Arnoud en hij op mij.

We besloten dat het knusser zou zijn als we het programma verder zouden doornemen op de bank die in zijn kantoor stond en we kropen heerlijk tegen elkaar aan. De laptop vond een tijdelijk heenkomen op de grond en terwijl we verstrengeld in elkaar lagen kuste Arnoud me. Al snel liet ik me meeslepen en gingen we steeds intenser zoenen. Ik had verlangd naar deze intimiteit, maar voor ik mezelf helemaal verloor maakte ik me los uit onze omhelzing en keek ik hem lachend aan. Ik wilde hem net zo graag als hij mij, dat was duidelijk, maar niet hier, niet op kantoor.

'Je maakt me gek!' verzuchtte Arnoud en ik was het met hem eens. Ik werd er zelf ook helemaal hoorndol van.

'Ik weet het, ik heb er zelf ook last van. Maar je zult toch moeten wachten en ik ook. We brengen onze eerste nacht door op het schip,' en met een brede lach duwde ik hem weer van me af.

'Dat duurt nog een week, Miek. Een hele week. Je bent een monster, hoe kun je me dit aandoen?' Gemaakt triest keek Arnoud me aan.

'Ben jij nu een vent?' zei ik hoofdschuddend. 'Gewoon opstaan en iets anders gaan doen, dan gaat het vanzelf weer over. En anders neem je maar een koude douche.' Plagerig trok ik mijn blouse recht.

'Zo werkt dat niet en dat weet je best.' Brommend keek Arnoud om zich heen.

Hij liet zich wel een beetje kennen, vond ik en ik besloot hem een beetje op de proef te stellen. 'Als de nood dan zo hoog is kun je altijd nog de hulp van je handen inroepen. Het toilet is om de hoek.' Ik keek hem koel aan en probeerde zijn gedachten van zijn gezicht te lezen.

Even bleef het stil toen keek hij me aan: 'Dat is lang niet zo lekker. Laten we dan maar verder gaan met de planning.' Met een glimlach klopte hij met zijn hand op de bank en sloeg de deken terug. Terwijl ik naast hem ging zitten keek hij me even aan, toen gingen we weer aan het werk.

De rest van de dag werden de aanrakingen steeds intiemer en langduriger. Toch probeerden we ons aan de regel 'kleren aan, eerste nacht op de boot' te houden en dat lukte aardig. Het dreef de spanning echter wel enorm op. Ik kon de kwelling af en toe in zijn ogen zien en ik twijfelde er niet aan dat die bij mij net zo zichtbaar was. Aan de andere kant genoten we er ook van.

Blijkbaar had Arnoud toch minder taboes dan ik had aangenomen en kende hij het spel van de verleiding goed. Elk uur dat voorbijging verlangde ik meer naar hem, maar wat er ook gebeurde, ik gaf niet toe. Ik was streng voor hem, maar ook voor mezelf. Wel bespraken we onze vorige ervaringen en waar onze grenzen lagen. Ook seksueel leken we op elkaar te lijken en ik merkte dat mijn gevoelens voor Arnoud alleen maar heviger werden.

Aan het eind van de middag ging ik totaal gefrustreerd naar huis. Zodra ik de volgende dag klaar zou zijn met mijn werk op de veiling, zou Arnoud naar me toe komen. Ik probeerde me daarop te concentreren toen ik naar huis reed en niet op het verlangen dat ik voelde. Was het maar alvast vrijdag.

Toen ik Arnoud die middag daarop zag was het nog moeilijker om van elkaar af te blijven. Hoe graag had ik de trap naar boven genomen om af te maken waar onze handen aan waren begonnen. Maar mijn wil was sterker.

'Arnoud, niet nu. Laten we een proefrit gaan maken met die Altea die ik had gezien, dan kan ik eindelijk een beslissing nemen.' Even hield ik mijn mond, maar omdat Arnoud niet reageerde en zijn handen hun weg naar mijn borsten hadden gevonden, probeerde ik het nogmaals: 'Arnoud, laten we naar de dealer gaan. Het zal ons helpen wat rustiger te worden.'

Mijn stem had onwillekeurig plagerig geklonken. Eigenlijk was het ook wel hilarisch. Een volwassen vrouw die zich gedroeg als de Maagd Maria en een volwassen man die daar mokkend in meeging.

Ik was echter blij dat Arnoud ophield, want ik wist niet of ik het nog veel langer had kunnen volhouden. Deze man dreef me tot het uiterste.

Eenmaal aangekomen bij de dealer mochten we, nadat we wat meer achtergrond over Arnouds bedrijf hadden gegeven, de spiksplinternieuwe Altea meenemen voor een proefrit. Glunderend nam ik plaats aan het stuur en vrijwel direct was ik verkocht. Het was een heerlijke wagen en ontzettend ruim. Arnoud was het met me eens, het was een prachtige auto. De beslissing was dan ook snel genomen. Dit was de auto die ik wilde, geen twijfel mogelijk.

De verkoper genoot zichtbaar van de intimiteit die Arnoud en ik uitstraalden. We leken af en toe wel een getrouwd stel. Het was overduidelijk dat er tussen ons meer speelde dan louter een werknemer-werkgeverrelatie. Toen hij hier op een gegeven moment naar vroeg, bevestigden wij dat we inderdaad een stel waren. Het gaf me een goed gevoel, het was de eerste keer dat we tegenover iemand toegaven dat we een relatie hadden. Op de een of andere manier gaf me dat zekerheid. Onze relatie was echt, en nu langzaam maar zeker ook voor de buitenwereld.

Omdat de levertijd van de nieuwe auto tien weken bedroeg, besloot Arnoud via de dealer een auto te leasen. Op die manier hoefde ik niet in mijn privéauto te blijven rijden. Het zou tijdelijk een nieuwer model van mijn huidige auto zijn. Nu alles geregeld was met de leaseauto, was het alleen nog zaak om mijn oude auto te verkopen. Natuurlijk kon ik hem inruilen, maar Arnoud zei dat het verstandiger was om de auto op de particuliere markt te verkopen. Ik was blij dat Arnoud me hierbij wilde helpen; het was heerlijk om niet langer alles alleen te moeten regelen. Er was een man in mijn leven met wie ik dingen kon doen en die me kon bijstaan. Daar had ik zo lang naar verlangd.

Na een korte lunch thuis, gingen we samen op weg naar een van de vele groothandels in horecaproducten. Ik genoot ervan om dit samen met Arnoud te doen. Deze combinatie van privé en zakelijk beviel me wel. Op deze manier hadden we alles samen gemeen, de liefde voor de zee, de schepen en elkaar. Het was de perfecte combinatie van zakelijk en privé.

Eenmaal weer thuis besloten we om gezellig thuis te blijven en daar te eten en zo stonden we even later samen te koken in mijn kleine keuken. Een risicovolle bezigheid voor twee mensen die nauwelijks van elkaar konden afblijven, maar we slaagden erin om een heerlijke pasta op tafel te zetten.

Na het eten gingen we in de tuin zitten. Het was een warme avond, er brandden kaarsjes en proostend namen we een slok wijn.

'Ik kan niet wachten tot het zomer is, Miek. Zeven weken, samen met elkaar en een deel met de kinderen. Je weet niet hoezeer ik daarnaar verlang.' Met zijn hand in mijn nek trok Arnoud mijn hoofd naar zich toe en kuste me zacht op mijn lippen.

We zouden zo veel tijd voor elkaar hebben, zonder afleiding. Het was heerlijk om daar samen met Arnoud over te mijmeren en naarmate de avond vorderde kropen we dichter tegen elkaar aan. Beiden zagen we de tijd in Frankrijk als een manier om elkaar beter te leren kennen. Op die manier zouden we kunnen ontdekken hoe het zou zijn om samen onder een dak te leven, samen op te staan, samen te koken, samen te zwemmen, te wandelen of doodgewoon samen boodschappen te doen. Het vooruitzicht was fantastisch.

Ondanks de mooie avond, maakte ik Arnoud rond half negen duidelijk dat voor mij de dag ten einde liep. Ik zou weer vroeg op moeten en ik wilde fit zijn, zowel op de veiling als tijdens onze afspraak bij de groothandel.

Vol frustratie en verlangen namen we afscheid. Een laatste kus, een laatste aanraking en snel deed ik de deur dicht voordat ik me zou bedenken. Met mijn rug tegen de voordeur zuchtte ik nog eens diep. Nog maar een paar dagen, dat moest ik kunnen volhouden.

De volgende dag verliep de veiling heel voorspoedig. Al om zeven uur was alle handel erdoor en hoefde ik alleen nog maar op te ruimen. Omdat er op woensdag altijd weinig personeel aanwezig is, voelde ik me niet verplicht om langer te blijven. Meestal dronk ik nog even een kop koffie met mijn collega's, maar daar was vandaag geen sprake van. Om negen uur zat ik al in de auto op weg naar kantoor en vandaar reed ik samen met Arnoud naar een groothandel.

De groothandel lag heel toepasselijk naast een scheepswerf en de producten die ze hadden waren werkelijk prachtig. De eigenaren hadden duidelijk tijd voor ons gemaakt en we werden met koffie, thee en gebak binnengehaald. Zoals gebruikelijk vertelde Arnoud eerst in het kort iets over het charterbedrijf, de schepen en zijn plannen tot uitbreiding. Een van de eigenaren bleek ook veel te zeilen en al snel hadden de heren het over de verschillende zeiltechnieken en de voor- en nadelen van bepaalde schepen. Arnoud was duidelijk in zijn element en het viel me op hoe zelfverzekerd en bekwaam hij overkwam. Ik was trots op hem en was er ook trots op dat hij mijn werkgever en vriend was. Hij leek ervan te genieten om te praten met iemand die net zo gedreven was als hijzelf.

Alles liep heel voorspoedig en aangezien het bedrijf een groothandel was, zouden de spullen via Mild worden geleverd. Dat maakte ons niets uit. Zolang de spullen er maar op tijd waren, was alles in orde.

Tevreden reden we terug naar kantoor, maar het werd er allemaal niet gemakkelijker op. Ik stond bijna op het punt om hem te vragen mee te gaan naar mijn huis, maar het lukte me uiteindelijk om mijn auto te bereiken en op weg te gaan naar Venlo.

Nog geen tien minuten later kon ik me niet meer inhouden en stuurde Arnoud een sms'je. 'Dit verlangen is ondraaglijk. Wou dat je bij me was. Ik mis je.' Hij nam niet eens de moeite om een bericht terug te typen, maar belde meteen.

'Ik mis jou ook, Miek. Waar ben je geweest mijn hele leven? Ik wil bij je zijn en verlang naar je.' Ik voelde me sterk met hem verbonden. Deze man was lief, attent, maar tegelijkertijd ook opwindend. Ik had er spijt van dat ik hem niet had meegenomen naar huis.

Na weken van mezelf verdelen tussen twee banen, was het dan eindelijk zover. Mijn laatste dag op de veiling en zo ordelijk als het de dag ervoor allemaal was verlopen, zo rommelig liep het die dag.

Omdat het mijn laatste dag was liep ik niet alleen mijn eigen rijen, maar ook de overige. Op deze manier kon ik nog een laatste keer lekker ouwehoeren. Mijn collega's deden er niet moeilijk over en lieten me mijn gang gaan. Eigenlijk was het op deze manier niet echt werken, het was gewoon leuk, gezellig en in zekere zin dus bitterzoet.

Ik had het werk heerlijk gevonden en ook de gesprekken met de handelaren die soms best interessant konden zijn. Sommigen kwamen met prachtige bloemen aan, en op een gegeven moment werd ik er emotioneel van. Het was allemaal zo lief. Zelfs de wrok die een aantal van hen jegens Fabian koesterde, was hartverwarmend. Ook zij vonden zijn handelen dom en vooral heel onheus. Maar als ik heel eerlijk was deed het me op dat moment niet veel. Ik zat vol van schepen, zee en hartstocht. Mijn geschiedenis met Fabian begon ik te vergeten en de pijn leek nu een oud litteken.

Achteraf gezien had Fabian me eigenlijk een dienst bewezen. Als hij me niet van de ene op de andere dag had ingeruild voor een ander, zou ik nooit zo wanhopig zijn geweest om me in te schrijven bij een datingsite en dan zou ik Arnoud nooit hebben ontmoet. Indirect was Fabian verantwoordelijk voor het geluk dat me toe-lachte.

Na nog een laatste kop koffie met mijn collega's was het dan eindelijk zover. Ik voelde hoe mijn ogen begonnen te branden en zelfs het afscheid van Fabian liet me niet onberoerd. Na vandaag zou ik hem niet meer zien en kwam er dus een eind aan vele jaren samenzijn.

Na het afscheid reed ik naar huis. Het was de laatste keer dat ik thuiskwam met de geur van bloemen en vochtigheid in mijn haren en kleren. Ik ging even zitten en overdacht de afgelopen maanden en jaren. Er was zo veel gebeurd.

Ik realiseerde me ook dat deze woning niet meer zo belangrijk voor me was. Alles wat me lief was woonde in Gelderland. Met een zucht stond ik op en ik liep naar boven. Vanmiddag zou ik mijn tassen inpakken, want morgen gingen Arnoud en ik samen naar Frankrijk, en dan zou ik naar mijn ouders rijden om de jongens nog even te kunnen zien. Het was een hoop heen en weer geren, maar het was het waard.

Na een korte nacht stopte ik 's ochtends mijn tassen achter in de auto en liep ik nog even naar binnen om afscheid te nemen van Puk, onze kat. Hoewel Laura haar te eten zou geven, vond ik het toch moeilijk om haar achter te laten. Ze zou de aandacht missen die ik haar 's middags en 's avonds altijd gaf. Hoewel ik de laatste weken ook vaak in de middag van huis was geweest.

Het verdrietige gevoel van de vorige dag was alweer verdwenen. Vol verlangen naar Arnoud en het komende weekend stapte ik in de auto. Ik wist dat hij op me zat te wachten en niet alleen vanuit zakelijk belang.

Bijna de hele weg had ik een gelukzalige glimlach op mijn gezicht. Waarschijnlijk moeten andere automobilisten gedacht hebben dat ik niet helemaal goed bij mijn hoofd was, maar het kon me niets schelen, ik voelde me helemaal perfect.

Op kantoor zag ik direct aan Arnouds gezicht dat er iets aan de hand was en kreeg ik een knoop in mijn maag. 'Wat is er aan de hand?' Mijn stem klonk schril.

Arnoud keek me moedeloos aan. 'De Duende is getroffen door bliksemslag. Gelukkig is er alleen sprake van materiële schade en is alles in orde met de gasten en de bemanning, maar de kapitein heeft besloten om terug te zeilen naar Rome, want zonder navigatieapparatuur lijkt het hem niet verstandig om naar Cannes te gaan.'

Terwijl Arnoud me op de hoogte stelde was hij op internet bezig om spullen te bestellen voor de Duende, zodat die met spoed konden worden bezorgd in Rome. De kapitein gaf aan dat hij met hulp van de bemanning alle reparaties zelf kon uitvoeren.

Voor mij betekende dit echter iets heel anders. Daar ging mijn weekend, geen Frankrijk dus. Arnoud vond het niet zinvol om de reis te maken als het schip er niet zou zijn en natuurlijk had hij daarin gelijk, maar ik was wel teleurgesteld. Ik had me er erg op verheugd en de afgelopen week had ik enorm uitgekeken naar het moment dat ik eindelijk alleen zou zijn met Arnoud.

'En wat gaan wij nu doen?' Verdrietig keek ik Arnoud

aan. Op de een of andere manier hoopte ik dat hij met een oplossing zou komen.

Langzaam liep hij naar me toe en streelde mijn wang. 'Het spijt me echt, Miek. Ik wou dat het anders was, maar waarom maken we er niet een mooi weekend van bij jou thuis? Zo kunnen we in elk geval wat tijd samen doorbrengen.'

Zwijgend knikte ik en daarna kuste ik hem. Ik wist dat Arnoud gelijk had. Dit was de beste oplossing en ik verlangde zo ontzettend naar hem dat het ook niet zo erg was dat we over een paar uur in mijn bed konden liggen.

Ik besloot daarom om vanuit kantoor direct door te rijden naar de supermarkt, waar ik eten voor een romantisch en opwindend weekend kon inslaan, de koelkast was natuurlijk leeg. Arnoud ging eerst naar zijn vader om wat kleren op te halen. Ik had even bevreemd gekeken. Had hij dan geen kleren voor Frankrijk ingepakt? Kennelijk was de verwondering op mijn gezicht te lezen, want zonder ernaar te vragen gaf hij uitleg: 'Ik heb een hele garderobe in Frankrijk. Ik hoef nooit in te pakken.' Ik knikte. Natuurlijk, dat had ik kunnen weten, stom van me.

In de supermarkt haalde ik lekkere kaasjes, rauwe ham, filet Americain, stokbroodjes en nog meer lekkere hapjes. Ik wilde geen echte maaltijd koken, maar gewoon genieten van kleine hapjes en elkaar.

Toen ik thuiskwam was Arnoud al gearriveerd. Ik had hem mijn reservesleutel gegeven, want dan hoefde hij niet in zijn auto op mij te wachten. Hij was bezig op zijn laptop en zocht naar een woning voor hemzelf en zijn zoon, maar hij wilde meer dan een woning voor hemzelf en Bill. Hij wilde verder kijken, na de zomer, na 2009. Hij wilde verder kijken naar een toekomst waarin wij samen zouden zijn. Ik kwam naast hem zitten en keek mee naar geschikte woningen.

Toen zijn mobiel ging bleek het een kennis te zijn die geïnteresseerd was in mijn oude auto. Ze spraken af dat hij de volgende week bij kantoor mijn auto zou komen bekijken.

Terwijl we naar de woonkamer liepen verontschuldigde Arnoud zich nog een keer voor het mislopen van ons weekend. Hij beloofde om het volgend weekend ruimschoots goed te maken.

'Het voordeel is dat de Sensation dan ook in de haven ligt.' Arnoud klonk vrolijk en opgewekt, maar ook een tikje ondeugend. Ik voelde zijn hand op mijn billen rusten en speels draaide ik me half naar hem om en woelde met mijn handen door zijn haar. Daarna liepen we naar de woonkamer om te eten. Eindelijk was het moment aangebroken dat we konden genieten van elkaar en van de tijd die we nu voor onszelf hadden. We probeerden allebei te genieten van de hapjes en het kaarslicht, maar de spanning had zich de afgelopen week enorm opgebouwd en we hadden onze grenzen bereikt. We wilden samen zijn, elkaar vasthouden, ontdekken, verleiden. We lagen inmiddels verstrengeld op de bank en de aanrakingen werden steeds heviger en intenser. Uiteindelijk gaven we het op, we wilden het onvermijdelijke niet langer uitstellen en lieten alles achter op tafel, bliezen de kaarsen uit en liepen als twee giechelende pubers de trap op naar mijn slaapkamer. Maar ondanks de passie namen we toch de tijd voor elkaar en begonnen we elkaar langzaam uit te kleden. Uiteindelijk lagen we in bed. Arnouds lichaam voelde warm aan en rook heerlijk. Het maakte mijn verlangen naar meer alleen maar groter.

'Miek, ik heb zo ontzettend naar je verlangd. Je lichaam, je bent zo mooi.'

Ik kon alleen maar kreunen, ik stond in vuur en vlam en praten was niet meer mogelijk. Dit was liefde, zo hoorde liefde altijd te zijn en te voelen. En terwijl ik zijn handen naar beneden voelde glijden, duwde ik mijn lichaam tegen het zijne.

Arnoud bleek een meer dan goede minnaar te zijn en het tegenovergestelde van waar ik bang voor was geweest. Urenlang kon hij doorgaan en opnieuw beginnen. Ik was compleet gelukkig. Fysiek vulden we elkaar in alles aan en dat zou onze relatie alleen maar sterker maken.

Met mijn handen pakte ik Arnouds hoofd vast en ik keek hem diep in de ogen. Daarna kuste ik hem. Met mijn ogen dicht verbeeldde ik me hoe het in Frankrijk op de boot zou zijn. Het was een geweldig gevoel.

7

Het begin van de zaterdag was even bijzonder als de nacht. Het was heerlijk om naast iemand wakker te worden en direct twee armen om me heen te voelen. Ik voelde hoe zijn warmte tegen mijn huid straalde en meteen namen zijn handen weer het initiatief en gleden over mijn huid naar mijn heupen. Terwijl ik naar zijn gezicht keek en glimlachte, zag ik dat zijn haar lekker door de war zat. Ik kon niet zeggen dat hij een goddelijk lichaam had, zeker niet, maar niets wat een beetje afvallen niet zou kunnen oplossen. Toch vond ik dat allemaal niet zo belangrijk. Zijn lichaam deed dat van mij ontwaken, dat was waar het om ging. De rest was niet belangrijk.

'Arnoud, wakker worden.' Plagerig beet ik in zijn oor en kreunend draaide hij zich om. Met zijn ogen dicht bleef hij doodstil liggen en ik hield mijn adem in. Zou hij verder slapen of wakker worden?

'Jij heerlijke vrouw.' Vliegensvlug schoot Arnoud overeind en greep me vast. Hij sloeg zijn armen om me heen en trok me tegen zich aan. Een gevoel van geluk stroomde door me heen. Ik hield van deze man, ik had het nooit gedacht, maar het was vreemd genoeg toch zo.

Na weer een flinke vrijpartij, we waren onvermoei-baar, besloten we dat het toch beter was om niet de hele dag in bed te blijven liggen, hoe groot de verleiding ook was. Ik stapte vastberaden uit bed en liep naar de bad-kamer, dan kon ik onder de douche goed wakker wor-den. Dromerig stond ik onder de warme stralen. Ik had gehoopt dat het water me zou ontnuchteren, maar in plaats daarvan staarde ik voor me uit. Het leek alsof ik in een soort trance zat, een heerlijke, warme, lome trance. Ik voelde me fantastisch; verliefd, geliefd en dat gevoel ging niet weg.

Toen Arnoud na mij onder de douche stapte kon ik het niet nalaten om een blik op zijn lichaam te werpen en zuchtend voelde ik het weer kriebelen.

Tijdens het ontbijt ging ik met mijn handen door zijn haar. Ik wilde weer dat warrige kapsel van die morgen zien in het nog vochtige haar. Arnoud lachte en deed geen enkele poging om er weer verandering in te bren-gen.

Ondertussen kreeg Arnoud een telefoontje van de ma-kelaar. We hadden besloten om serieus naar huizen te gaan kijken.

'Ik... Ik bedoel we...' en Arnoud wierp me even een verliefde blik toe, waarna hij zijn aandacht weer op het telefoongesprek richtte, '... wij zoeken een woning die groot genoeg is voor twee volwassenen en vier kinderen. Tieners. O, en het zou perfect zijn als we een kantoor aan huis konden runnen, maar dat is minder belangrijk. Kantoor kunnen we overal houden. Het gaat om het huis, daar moeten we ons prettig bij voelen.'

Ik genoot van het woordje 'ons'. Hij dacht dus echt aan ons. Ik kreeg het er warm van. We kenden elkaar nog maar kort, maar het voelde zo ontzettend goed. Alles voelde goed: zijn liefde, ons werk samen, de manier waarop hij met mij en de kinderen omging. Opgetogen ging ik aan de computer zitten en concentreerde me op huizen in de omgeving van Nijmegen.

Het was leuk om dit samen met elkaar te doen. Natuurlijk spraken we ook over mijn woning. Die zou verkocht moeten worden en dat zou absoluut niet makkelijk worden. Maar ook dat zag Arnoud niet als een probleem.

'Mocht je woning niet op tijd zijn verkocht, dan kun je die altijd nog verhuren.' Voor Arnoud was het een uitgemaakte zaak. Hij was een rasoptimist; voor alles was een oplossing.

Ook die avond brachten we intiem en romantisch met elkaar door. Ik stelde voor om een van mijn favoriete films te kijken: *Pirates of the Caribbean*. Ik ben gewoon dol op captain Jack Sparrow en vertelde over mijn liefde voor de filmpiraat.

'Wees gewaarschuwd. Bij Jack verbleekt elke man,' zei ik plagend tegen Arnoud.

'Dan ben ik heel benieuwd wat die Jack voor een man is en wat jou zo in hem aantrekt.' Lachend trok Arnoud me tegen hem aan.

Wat heerlijk om weer naast iemand op de bank te zitten! Hoewel captain Jack Sparrow veel van mijn aandacht opeiste, was ik ook niet geheel ongevoelig voor de kapitein die naast me op de bank zat en naarmate de film vorderde gingen we steeds dichter tegen elkaar aan zitten. Om het ons gemakkelijk te maken had ik de tafeltjes naast de bank gezet, zodat we zonder al te veel moeite de hapjes konden pakken. Ook had ik mijn drankje aan de film aangepast. Bruine rum, maar dan wel gemixt met cola. Arnoud hield het bij rosé.

Ik genoot ervan om Arnoud tijdens de voor mij wat saaiere stukken, uit te dagen en af te leiden. Ik streelde onder zijn overhemd over zijn borstkast en duwde mijn nagels in zijn huid. Ik probeerde hem op allerlei mogelijke manieren te prikkelen en wist dat hij opgewonden raakte.

'Miek, zo mis ik de film.' Speels duwde Arnoud me van zich af. Ik wist dat hij niet serieus was, maar het spel gewoon meespeelde en ik ging verder met hem te verleiden. Arnoud hield net zo van het verleidingsspel als ik, met als resultaat dat we allebei weer ontzettend naar elkaar verlangden. We besloten de film te laten voor wat hij was. Captain Arnoud had gewonnen van captain Jack.

De zondag begon niet veel anders dan de zaterdag. Opnieuw vond ik het geweldig om naast Arnoud wakker te worden. Ik was blij dat Arnoud net als ik lichamelijk was ingesteld. Seks was zeker niet het allerbelangrijkste, maar wel heel erg belangrijk en zeker voor mij.

Die dag gingen we winkelen in Batavia Stad. We hadden alle tijd van de wereld en verliefd slenterden we rond. Af en toe pasten we wat kleding.

'Wat heb je toch een heerlijk lichaam, Miek. Dat jurk-
je zou je prima staan,' fluisterde Arnoud in mijn oor, terwijl ik mijn handen door wat kledingstukken liet gaan.

'Ja, vast,' antwoordde ik en lachend duwde ik hem
naar achteren, terwijl ik hem een vluchtige kus op zijn
lippen gaf.

Na het winkelen namen we nog een kijkje bij de
scheepswerf en bewonderden op afstand de Batavia.
Beiden moesten we denken aan het schip van Jack Sparrow, The Black Pearl.

'Ik beloof je dat het eerstvolgende schip dat aan de
vloot zal worden toegevoegd, omgedoopt zal worden tot
The Black Pearl.' Arnouds stem klonk serieus en hij
sloeg zijn armen van achteren om me heen. Ik drukte
mijn rug tegen zijn borstkas en legde mijn hoofd tegen
zijn schouder. 'En dan schilderen we de romp van het
schip zwart.' Ik kon mijn lol niet op toen ik hem dit
hoorde zeggen. Een echte Black Pearl! Nu alleen nog
een captain Jack zien te vinden, maar tegelijkertijd realiseerde ik me dat ik die allang had gevonden. Arnoud was
mijn captain Jack.

We keken uit over het water en er ging een gevoel van
rust en liefde door me heen. Ik was nuchter genoeg om
me te weten dat de man die naast me stond vast niet zo
perfect zou zijn als hij zich nu voordeed, maar hij zou
zeker wel een rots in de branding kunnen zijn, een veili-
ge haven. Een haven waar ik al zo lang naar op zoek
was.

Terwijl ik schuin naar hem opkeek vroeg ik me af
waar hij aan zat te denken en alsof hij mijn gedachten

had gelezen zei hij zomaar uit het niets dat hij een heel prettig gevoel kreeg bij het idee dat wij samen een toekomst zouden hebben. Ik werd overspoeld door emoties, zozeer dat ik niet in staat was iets te zeggen. Daarom kroop ik nog dichter tegen hem aan, om hem te laten weten dat ik er net zo over dacht.

Terwijl we naar de auto terugliepen, besloten we om donderdagavond naar Frankrijk te reizen. Door de week vertraging zouden we meteen de SY Sensation kunnen zien en er een proefvaart mee kunnen maken. Mijn enthousiasme van een week eerder kwam weer terug.

Het weekend was vol romantiek en hartstocht geweest en Arnoud en ik hadden met volle teugen van elkaar genoten. Het komende weekend zou vast en zeker nog mooier worden.

Thuis aangekomen keken we verder naar *Pirates of the Caribbean* en gingen daarna naar boven. Gezien de vorige twee avonden was het niet onverstandig om vroeg naar bed te gaan en eens even een fiks lange nacht te maken. Morgen zou mijn eerste officiële werkdag voor Arnouds charterbedrijf zijn.

Mijn eerste officiële opdracht was het ophalen van mijn tijdelijke leaseauto. Met een mengeling van pijn en opgetogenheid stapte ik in mijn oude Leon, die we in Nijmegen zouden laten staan voor het geval belangstellenden de auto zouden willen kopen.

Onze huizenjacht had ons inmiddels al een bezichtiging opgeleverd en na aankomst stapte ik bij Arnoud in de auto. Het huis dat we gingen bekijken lag aan de andere kant van Nijmegen, in een wijk die ik niet kende, dus Arnoud fungeerde als gids. Als klein jongetje was hij hier veel geweest en ik vond het leuk om weer iets meer over hem en zijn achtergrond te weten te komen.

De woning leek op het oog prachtig en wat we door de ramen konden zien zag er ook prima uit. We liepen om de woning heen. We waren aan de vroege kant, dus we hadden tijd genoeg. De tuin achter het huis was nog beter. Veel privacy en voldoende ruimte om gezellig buiten te zitten. Er was ook een grasveld waar de jongens uitgebreid konden voetballen. Dan was er nog een stuk grond dat uitermate geschikt was om een eigen moestuin aan te leggen en meer dan voldoende bergruimte voor fietsen en gereedschap. De schuur die op het perceel stond zag er leuk uit en zou eventueel geschikt zijn om een stal van te maken. Arnouds dochter was dol op paardrijden en wie weet zou ze in de toekomst wel vaker langskomen, als haar broer bij haar vader zou wonen.

We waren allebei ontzettend enthousiast. Ik zag me hier wel de weekenden met Arnoud en de jongens doorbrengen. Het was een perfecte locatie: een middelbare school op fietsafstand en aan de overkant van de straat was een basisschool.

De makelaar kwam vijf minuten te laat. Het was een jonge man, die maar weinig belangstelling had voor het huis, of zelfs zijn klanten. Tot onze verrassing liet hij ons via een zijdeur binnen, waarna we in een smalle, lange hal terechtkwamen. Hij liet ons een aantal kamers zien en een kleine keuken, die dienst zou kunnen doen als kantoorkeuken. Tot zover zag het er allemaal gunstig uit. We hoopten dat het andere deel van het huis net zo goed zou bevallen, maar de makelaar zei dat we dat deel niet konden bekijken. Zeer waarschijnlijk zou het huis worden opgesplitst, dus de andere kant was niet meer beschikbaar.

Het was de eerste keer dat ik Arnoud boos meemaakte. Hij was behoorlijk geïrriteerd, want we hadden afgesproken om het hele pand te bekijken. Daarin waren we geïnteresseerd, niet in een half pand. Ik kon me zijn frustratie goed voorstellen, hij had duidelijk genoeg aangegeven waarnaar hij op zoek was. Maar de jonge man was niet onder de indruk. Hij wilde duidelijk weg en bevestigde met tegenzin dat hij het met zijn leidinggevende zou bespreken. Veel verwachtten we er niet van en een beetje overdonderd stapten we weer in de auto, erg teleurgesteld. Op een gegeven moment hadden we onze hoop op deze woning gevestigd. Wanneer dat precies was gebeurd wist ik niet, misschien tijdens de wandeling om het huis, of door de manier waarop de wind door de bomen in de achtertuin waaide, ik zou het niet weten, maar samenwonen had even heel dichtbij geleken en voor Arnoud had zijn zoon even heel dichtbij geleken.

Maar al snel sloeg de stemming weer om. De bezichtiging had ons ook geïnspireerd en er waren nog zo veel woningen te bekijken, zowel huur- als koopwoningen. We zouden vast en zeker wel iets vinden wat nog beter was.

Thuis gingen we nog even aan het werk. Doordat we de hele dag op pad waren geweest, was er van het echte werk niet veel gekomen. Via de verschillende sites keken we naar geschikte schepen voor het charterbedrijf. Arnoud liet mij voornamelijk aan het woord en vroeg wat ik mooi vond en waarom. Ik wist dat hij me aan het testen was. Op die manier wilde hij ontdekken of ik aan zijn verwachtingen voldeed.

De volgende dag ging Arnoud nog even naar kantoor, terwijl ik vanuit huis ging werken. Ik wilde de handleiding voor het dekken van de tafels en de indeling van de hutten uitwerken. Zo'n omschrijving was handig voor het personeel. Het was ontzettend leuk werk en ik gooide heel mijn ziel en zaligheid erin. Ik stelde de lijsten zowel in het Nederlands als in het Engels op, want we hadden een internationaal personeelsbestand. Engels was niet direct een taal die ik veel gebruikte, maar ik liet me niet afschrikken en ik zat er na verloop van tijd helemaal in.

Ik was zo ingespannen bezig dat ik niet eens merkte dat Arnoud was thuisgekomen. Ik schrok me dood toen ik opeens zijn adem in mijn nek voelde.

'Hé, Miek.' Zijn lippen raakten mijn huid en er ging een rilling door me heen. Zijn plotselinge verschijning had me angstig gemaakt en tegelijkertijd wond het me ontzettend op dat hij weer thuis was. Snel draaide ik me om en sloeg mijn armen om zijn nek. Wild kuste ik hem, alsof we elkaar een eeuwigheid niet hadden gezien, maar zo voelde het nu eenmaal. Het was een uitbarsting van vreugde en hartstocht. Even was al het werk vergeten: het zoeken naar huizen, het charterbedrijf van Arnoud en zelfs de verantwoordelijkheden die ik als moeder droeg.

Arnoud vertelde dat de huizenjacht gestaag vorderde, maar dat hij er serieus over dacht de zoektocht niet meer louter en alleen op Nijmegen te richten. Ik had hem ondertussen zo goed leren kennen dat ik aan de twinkeling in zijn ogen kon zien dat hij weer iets nieuws had verzonnen. Ik vroeg hem waarom hij van mening was veranderd, en tot mijn verbazing antwoordde hij dat hij wist hoe belangrijk mijn ouders, broer en ex-man voor mij waren en vroeg of ik niet weer in de buurt van Apeldoorn wilde wonen.

Met open mond staarde ik hem aan. Natuurlijk zou ik terug willen naar Apeldoorn, niets liever dan dat, maar een verhuizing was niet niks. Ik wist er alles van en mijn kinderen zouden over niet al te lange tijd naar Limburg verhuizen en daar het volgende schooljaar beginnen. Moest ik ze dan direct weer terug laten verhuizen? Kon ik dat maken? Aan de andere kant hadden ze nu nog al hun vrienden daar, die zouden niet zijn verdwenen na slechts een paar maanden, en, wat veel belangrijker was, hun vader woonde in Apeldoorn. Op die manier zouden ze veel dichter en dus vaker bij hem kunnen zijn. Het klonk mij allemaal waanzinnig, maar overtuigend in de oren.

Opgetogen liet Arnoud me zien wat hij had gevonden. Het waren prachtige huizen, maar de prijsklasse joeg me de stuipen op het lijf. Het zou geen moment in m'n hoofd zijn opgekomen om naar dat soort huizen te kijken. Maar Arnoud wilde niet kijken naar woningen van onder de vijf ton en ik legde me er enigszins overdonderd bij neer. Wat wist ik er nou helemaal van?

Een van de huizen sprak me enorm aan. Het was een oud herenhuis van begin jaren dertig, met een dubbele oprit en een extra lange en brede garage en een besloten tuin op het oosten. Op de foto's was te zien dat er een hardhouten vloer in de woonkamer lag, met een open haard en erkers. Er was een grote, moderne woonkeuken met de originele granieten vloer. De twee bovenverdiepingen boden nog eens vijf kamers en een prachtige, grote badkamer.

Het was allemaal spannend en aantrekkelijk. Het was moeilijk om me niet te laten meeslepen door deze nieuwe levensstijl en even bekroop me een gevoel van twijfel. Was ik wel goed bezig? Was dit wel iets voor mij? Liet ik me niet meeslepen door zijn enthousiasme, zijn liefde, zijn aandacht, zijn... zijn alles eigenlijk? Ik schudde de twijfel echter vastberaden van me af; ik zou me niet nog eens laten tegenhouden door negatieve gevoelens. Ik hield van Arnoud en hij hield van mij. Dat was het allerbelangrijkste.

De rest van de avond fantaseerden we over het huis en met behulp van de foto's probeerden we ons er een beeld van te vormen. Ook dachten we na over hoe we het kantoor bij het huis konden betrekken. De meest logische oplossing zou zijn om de garage bij het huis te trekken en te verbouwen tot kantoor, compleet met een eigen ingang, keukenhoek en toilet. Op die manier zouden we zakelijk en privé op een simpele manier kunnen combineren zonder dat de grenzen te vaag zouden worden.

Ik kon me bijna niet meer voorstellen dat Arnoud niet langer een deel van mijn leven zou zijn. Alles voelde zo compleet en natuurlijk. Zo was het allemaal bedoeld. Daar twijfelde ik geen seconde meer aan.

De volgende dag ging ik opgewekt verder met mijn werkzaamheden. Ik vond het leuk om creatief bezig te zijn en deze baan bood me alle gelegenheid.

Omdat Arnoud het charterbedrijf wilde uitbreiden, bleef hij op internet speuren naar nieuwe schepen, maar steeds weer keerde hij terug naar de pagina waar de SY Rosalind te koop werd aangeboden. Ik kon niet anders dan toegeven dat dit schip een meesterwerk was, en ik begreep Arnouds fascinatie dan ook helemaal. Iedere keer dat hij me de foto's liet zien was ik een en al bewondering en dat stak ik niet onder stoelen of banken. Maar verder lieten we elkaar met rust. We hadden ieder ons eigen werk te doen. Als hij hulp nodig had, hoorde ik dat wel.

Toen we uiteindelijk naar bed gingen was ik moe, maar nog niet voldaan en na weer een intense vrijsessie, waarbij ik me keer op keer verbaasde over Arnouds uithoudingsvermogen, viel ik uitgeput in slaap. Liggend in de armen van mijn droomkapitein. De volgende dag hadden we een afspraak in Duiven om het serviesgoed te bespreken.

Ondanks de korte nacht stonden we de volgende dag fris en opgewekt op. We hadden eerst een afspraak met een groothandel om de St. James-collectie te bekijken. Ik hield van servies en alles stond prachtig uitgestald. Vlak na aankomst werd Arnoud gestoord door een telefoontje en liep hij even naar de andere kant van de ruimte.

Uit mijn ooghoek zag ik hoe Arnoud aan het telefoneren was en ik merkte op dat zijn bewegingen en mimiek steeds bozer werden. Het gesprek verliep zeker niet positief, er was duidelijk iets aan de hand. Toen we eindelijk even alleen waren, vertelde hij me dat de kok die hij had aangenomen en al een week op het schip zat, zich had bedacht. Zijn vriendin zag het niet zitten dat hij elke keer zo'n lange periode van huis zou zijn en hij zag af van de baan.

Op de terugweg reed ik. Arnoud pleegde verschillende telefoontjes om zo snel mogelijk een andere kok te vinden. Zelf zouden we die avond naar Frankrijk rijden, dus dat was geen kleine opgave en ik zag zweetdruppeltjes op Arnouds voorhoofd verschijnen.

Helaas bleek dit niet de laatste tegenslag, maar dat wisten we toen nog niet.

Terwijl ik boven bezig was om de laatste spullen in te pakken, kwam er een tweede telefoontje binnen, nog noodlottiger dan het eerste. Het was Rudy, de kapitein van de SY Sensation. Het schip lag net een dag op een scheepswerf in de buurt van Marseille en had daar een flinke klap gekregen van een van de heftrucks. De kiel van de boot was gebroken. Arnoud sloeg helemaal op tilt en ik schrok me dood. Zo had ik hem nog nooit gezien. Hij trok wit weg, zijn handen trilden en het zweet brak hem uit. Zelfs zijn ademhaling ging moeizaam en ik begon me steeds meer zorgen te maken. Arnoud had verteld dat hij een zwak hart en een hoge bloeddruk had, en hoewel hij nachtenlang kon doorhalen met vrijen, kon hij heel slecht tegen dit soort spanningen en dat was hem duidelijk aan te zien.

Nadat hij Rudy de nodige instructies had gegeven, hing hij op.

'Arnoud, gaat het? Volgens mij moet je even gaan zitten en je medicijnen innemen.' Het zweet brak mij nu ook uit. Straks kreeg hij nog een hartaanval.

Eerst wimpelde hij mijn zorgen weg, maar na een tijdje haalde hij toch zijn medicijnen uit zijn tas. Hij was nog steeds lijkbleek en klaagde over een drukkend gevoel op zijn borst. Ik had hem het liefst meteen naar het ziekenhuis gebracht, maar volgens Arnoud was dat niet nodig. Door de spray zou het binnen een uur wel weer wat beter gaan. Met de woorden 'zo gaat het altijd' probeerde hij me gerust te stellen, maar ik bleef hem nauwlettend in de gaten houden. Ik schrok van de heftigheid van mijn gevoelens. Het idee dat er iets met hem zou kunnen gebeuren... Dat hij er niet meer zou zijn...

Met een uitgeputte blik handelde hij de laatste telefoontjes af en het leek alsof hij op instorten stond. Hij bleef zitten en staarde wat voor zich uit. Het leek alsof hij niks of niemand meer zag. Na enkele minuten draaide hij zich naar me om. In zijn ogen zag ik een gepijnigde blik. Ik voelde dat er iets ging komen wat ik niet leuk zou vinden en enigszins bevreesd ging ik naast hem zitten zodat ik kon luisteren naar wat hij te zeggen had.

8

Eigenlijk wist ik het al voor Arnoud begon met praten: onze reis ging weer niet door. Hoewel hij er duidelijk moeite mee had, ging door dit nieuws ons tweede bezoek aan Frankrijk in rook op. Ik begreep er helemaal niets van. Het schip had net ernstige schade opgelopen; dan wilde je als eigenaar toch juist daar zijn? Maar in plaats van onmiddellijk in de auto te stappen, wilde Arnoud eerst zien hoe een en ander zou verlopen en vanuit Nederland proberen de boel weer op gang te krijgen. Aan de ene kant leek het logisch, maar aan de andere kant vond ik het compleet krankzinnig.

Terwijl Arnoud weer telefoneerde met Rudy en James, ging ik maar naar de supermarkt. De lege koelkast moest weer worden gevuld. Al die gecancelde tripjes en een extra eter in huis betekenden een flinke inbreuk op mijn budget, maar er moest gegeten worden, dus ik stapte in mijn auto en reed teleurgesteld naar de supermarkt. Ook belde ik meteen even met Laura. Zij zou net als vorig weekend op Puk passen, maar dat was voor de tweede maal niet meer nodig. Ons vertrek was met ten minste vierentwintig uur uitgesteld.

'Meid, verwacht je ooit nog op die onmogelijke locatie aan te komen?' vroeg Laura lachend.

'Ja, lach maar. Ik vind het helemaal niet leuk. Elke keer is er wel weer wat anders. Wat moet ik daar nu van denken?' Mijn stem klonk bijna wanhopig en zo voelde ik me ook. Volgens Arnoud was het logisch dat hij niet afreisde naar Frankrijk. Op deze manier kon hij veel sneller handelen en de boel weer op de rails krijgen. Het leek logisch en dat vond Laura ook. Bovendien was het duidelijk dat zijn gezondheid niet al te best was. Uiteindelijk kwamen we tot de conclusie dat hij veel meer verstand van zaken had dan wij en nadat ik Laura had beloofd om haar op de hoogte te houden, hing ik op.

Eenmaal weer thuis aangekomen werden we gebeld door de makelaar uit Apeldoorn. We konden het huis de volgende ochtend komen bezichtigen. Omdat we nu toch nog in Nederland waren, besloten we dat dan maar te doen. Ik was dan wel niet direct in een feeststemming, maar waarom niet?

Gelukkig kwam er nog meer goed nieuws. Er was een jonge kok beschikbaar die een nieuwe baan zocht per 1 juli. Arnoud kende hem al, iets wat zeker in zijn voordeel werkte. De kok zou zaterdag om acht uur 's ochtends op Schiphol aankomen en wilde ons dan ontmoeten.

Door die afspraak werd onze reis echter wel nog een keer uitgesteld. Het nieuwe plan was om dan maar zaterdagmiddag te vertrekken. Knarsetandend accepteerde ik dit, maar eigenlijk geloofde ik er niet echt meer in dat we dit weekend nog naar Frankrijk zouden afreizen.

Ik voorzag nog veel meer drama en daar hoefde ik echt geen helderziende voor te zijn, het hing gewoon in de lucht. Misschien zou het schip wel helemaal kapot zijn, of was er iets met de auto, iets met Arnouds gezondheid of die van Wim, zijn vader. Hoe dan ook, er zou iets tussenkomen.

De volgende dag verliep zo mogelijk nog chaotischer dan de vorige. Rudy, de kapitein, belde al vroeg en vertelde dat de verzekeringsinspecteur die ochtend zou langskomen, maar dat hij niet gerust was op de dwarsbalken en dat hij die ook wilde laten controleren. Arnoud zat vloekend aan de telefoon.

Gelukkig was ik na een nacht slapen weer wat gekalmeerd en ik begreep genoeg van het Duits dat Arnoud met Rudy sprak, om te begrijpen wat de instructies waren die hij aan de kapitein van de SY Sensation gaf. Ik begon me in hem te verplaatsen en had met hem te doen. Het was ook allemaal niet niks wat er gebeurde. Financieel, emotioneel en voor Arnoud ook fysiek. De situatie ging hem duidelijk niet in de koude kleren zitten.

Liefdevol liep ik op hem af en met de telefoon aan zijn oor wierp hij me een getergde blik toe. Ik voelde Arnouds frustratie diep in mijn ziel snijden. Ik ging achter hem staan en woelde met mijn handen door zijn haren, sloeg voorzichtig mijn armen om hem heen en gaf hem een kus. Het enige wat ik wilde was dat hij begreep dat alles oké was en dat hij zich ondanks de stress zou ontspannen. Ik wilde hem helpen, niets liever dan dat.

Toen we eindelijk in de auto stapten en op weg gingen naar de woning in Apeldoorn, zweeg de telefoon eindelijk en konden we rustig praten. Arnoud probeerde wat te ontspannen en we werden weer wat enthousiaster. We vonden het allebei best een bijzondere gebeurtenis.

Tijdens de rit probeerden we de beelden terug te halen die we eerder die week hadden gehad toen we de foto's van het huis bekeken. Gaandeweg kwamen alle mooie ideeën over het huis en wat we er mee konden doen weer naar boven. We konden niet wachten tot we de woning vanbinnen konden zien.

Eenmaal aangekomen bleek dat het een heel leuke woning was, maar dat de tuin wel erg klein was. Ook was er geen ruimte voor een kantoor. Er zou flink wat moeten worden verbouwd, maar het huis had voldoende ruimte en mogelijkheden.

Arnoud was ontzettend enthousiast. Hij zag ons daar al wonen. Het huis stond in een prachtige omgeving en een chique buurt. Ik vond het heerlijk om hem zo vrolijk te zien. Ik gunde hem dat prettige gevoel na alle ellende van gisteren en zag hem helemaal opbloeien. Heel even was hij alle werkperikelen vergeten.

Aangezien we nog steeds in Nederland waren stelde ik Arnoud voor om Laura en haar echtgenoot uit te nodigen.

'Laura is mijn beste vriendin. Ze betekent veel voor me en ik zou het heel fijn vinden als ze je leert kennen.' Ik keek Arnoud aan. Ik hoopte dat hij zou begrijpen dat ik dat belangrijk vond, omdat hij belangrijk voor me was. Met een lieve kus op mijn mond zei hij dat hij het leuk zou vinden om Laura te leren kennen, dus ik nodigde ze uit om 's avonds te komen eten.

Zowel Laura als haar man was motorfanaat, dus werd er die avond veel over motoren gesproken. Arnoud bleek ook een motor te hebben, hoewel hij er al een poosje niet meer op had gereden. Hoewel ze verschillende motoren reden, hielden ze alle drie om dezelfde reden van motorrijden. Net als Laura en haar man, genoot ook Arnoud van het gevoel van vrijheid als ze door de natuur reden. Ze waren geen van allen snelheidsduivels en zouden dat ook nooit worden. Zelf gaf ik helemaal niets om motoren. Ik vond ze eng, want de vele brommerongelukken in mijn jeugd hadden me angst aangejaagd. Liefdevol sloeg Arnoud zijn arm om mijn schouders.

'Maak je geen zorgen, Miek. Als je liever hebt dat ik mijn motor verkoop, dan doe ik dat meteen. Jij bent het allerbelangrijkste en het is toch niet leuk om alleen te rijden.' Vertederd keek Arnoud me aan en ik voelde hoe een warm gevoel door me heen trok. Het was fijn om het allerbelangrijkste voor iemand te zijn. En het was ook fijn om Laura's goedkeurende blikken te zien. Zo te zien beviel Arnoud haar wel en blij schoof ik wat dichter tegen hem aan.

De avond verliep gemoedelijk en het was gezellig. Ook Arnoud had het naar zijn zin en het leek erop dat hij Laura en haar man mocht. Hij nodigde hen zelfs uit om die zomer een week langs te komen in Frankrijk. Het huis was groot genoeg en hij zou ze de omgeving laten zien. In die week zouden ze dan ook kunnen gaan zeilen. Het was een uitnodiging die ze maar wat graag accepteerden. Arnoud moest alleen nog even checken wanneer de Sensation vrij zou zijn en dan konden we een definitieve datum plannen.

Het liefst had ik Laura nog even alleen gesproken voor ze weer vertrok, maar helaas lukte dat niet. Ik had graag geweten wat ze van Arnoud vond, ze was tenslotte mijn beste vriendin en haar goedkeuring was erg belangrijk voor me. Gelukkig kreeg ik tien minuten na haar vertrek toch nog iets van haar te horen via een sms: 'Hij is oké, geniet ervan, maar gedraag je!'

Met een glimlach stopte ik mijn mobiel weer weg. Dat ik me zou gedragen was uitgesloten. Het was een heerlijke avond geweest en mijn beste vriendin keurde mijn nieuwe vriend goed. Alle vervelende gebeurtenissen van de afgelopen dagen leken even te zijn verdwenen. Ik kuste Arnoud plagerig, draaide me om en rende naar de trap. Gelukkig begreep hij de hint en kwam hij me meteen achterna.

De volgende ochtend moesten we afschuwelijk vroeg op, want we moesten naar Schiphol om de nieuwe kok te ontmoeten. Vermoeid maakte ik het ontbijt klaar en een half uur later kwam Arnoud ook naar beneden.

'Hij heeft zijn vlucht gemist.' Met een zucht ging Arnoud aan de ontbijttafel zitten. Daar stond ik dan, om zes uur in de ochtend en volledig aangekleed voor een afspraak waarvan ik überhaupt het nut niet kon inzien. Het begon mij nu ook allemaal even te veel te worden. Zo veel pech was gewoon niet normaal. Blijkbaar sprak de blik in mijn ogen boekdelen, want met een bezorgd gezicht en vol spijt trok hij me tegen zich aan.

'Lieverd, ik had zo gehoopt dat we eindelijk samen wat tijd hadden kunnen doorbrengen. Echt, dat had ik zo vreselijk graag gewild, maar het lijkt wel alsof het ons niet gegund is.' Op dat punt was ik het helemaal met hem eens. Het leek wel of er een vloek rustte op onze plannen. Niet veel later belde Rudy met het eindoordeel van de verzekeringsinspecteur. Mocht er nog een sprankje hoop zijn geweest op een vertrek naar Frankrijk, dan was die nu wel vervlogen. De schade aan het schip was veel groter dan in eerste instantie zichtbaar was en het schip zou total loss worden verklaard. Voor privégebruik waren er nog wel mogelijkheden, maar daar hadden wij dus helemaal niets aan.

Natuurlijk komt een ramp nooit alleen en dat bleek maar weer. Arnoud besloot de dealer waar we de nieuwe auto hadden gekocht te bellen met de vraag of we de auto misschien eerder konden komen ophalen. We waren tenslotte nog steeds in Nederland. Helaas was dat niet mogelijk. Niet omdat de auto niet gereed was, maar omdat het geld nog steeds niet was overgemaakt. Zelfs de fax met een bevestiging van de betaling door Arnouds secretaresse in Frankrijk werd niet geaccepteerd. Eerst moest het geld binnen zijn, dan pas werd de auto meegegeven. Er zat voor Arnoud niets anders op dan geduld te hebben en te wachten, iets wat hij niet makkelijk accepteerde.

Kort daarna kreeg hij de bevestiging van zijn verzekeringsmaatschappij dat het schip total loss was verklaard en dat hij nog bericht zou krijgen over wat hij moest doen en wanneer.

En dat was het dan: geen SY Sensation meer.

Aangezien we die middag toch zouden vertrekken, besloten we dan maar gelijk door te gaan naar Barcelona, zodat we de SY Rosalind konden bekijken. Wel wilde Arnoud nog even langs de Sensation om afscheid van het schip te nemen en met Rudy te praten. Tenslotte was het voor de kapitein ook niet niks.

Alles leek allemaal weer iets positiever en terwijl Arnoud en ik nog eenmaal de foto's van de Rosalind doornamen, zodat we een lijst konden maken van alles wat we zouden moeten doen als we eenmaal in Barcelona waren, keek ik even naar zijn gezicht. Hij had weer wat kleur gekregen en opeens verlangde ik heel erg naar hem. Zelfs al het werkgedoe had mijn gevoelens voor hem niet veranderd en ik was plotseling heel erg trots. Werk en privé waren dus best te combineren. Weer keek ik naar Arnoud, maar nu ving hij mijn blik op en gaf me een knipoog.

'Straks, Miek.' Hij keek er heel ondeugend bij en ik moest lachen. Het was duidelijk dat hij inmiddels mijn gedachten kon lezen. Ook dat gaf me een goed gevoel. Misschien was dit wel het echte houden van.

Het was de bedoeling dat we woensdag weer zouden terugkomen. Dat was belangrijk, want dan zouden er leveringen plaatsvinden. Natuurlijk had ik Laura op de hoogte gebracht van de gewijzigde plannen. Opnieuw spraken we af dat zij voor Puk zou zorgen.

'Natuurlijk zorg ik voor die kleine pluizenbol, dat spreekt toch vanzelf? Geniet jij nou maar lekker van je continu uitgestelde tripje en natuurlijk van je eigen kapitein. Drink niet te veel rum, ha ha ha.' Gelukkig kon ik haar humor wel waarderen. Als rasechte Jordaanse had ik Laura leren kennen als een spontane, uitgesproken vrouw. Natuurlijk wilde ze alles horen als ik weer terug was en met die belofte hing ik op. Het was tijd om te gaan. Eindelijk!

Opgewonden stapte ik in de auto en reed de straat uit. Eindelijk waren we op weg! Het ging echt gebeuren! Met een grote grijns op mijn gezicht zat ik naast Arnoud in de auto. We zouden een paar fantastische dagen krijgen en alle ellende achter ons laten. Nog geen twintig minuten later ging de telefoon alweer. Uit zijn woorden kon ik al vrij snel opmaken dat er weer het een en ander verkeerd dreigde te gaan. Het liefst wilde ik het gaspedaal intrappen en zo snel mogelijk het land uit rijden, maar ik besloot de auto op de vluchtstrook te zetten. Ik wist dat die alleen gebruikt mag worden voor noodgevallen, maar deze hele situatie begon zo langzamerhand op een noodgeval te lijken en ik kon gewoon niet meer rijden. Met het vermoeden dat we vandaag niet veel verder zouden komen, bleef ik stil aan het stuur zitten en keek ik naar het verkeer dat voorbij raasde. Een gevoel van twijfel, dat ik eerder steeds had gebagatelliseerd, begon sterker te worden. Wat ging er toch aldoor verkeerd?

Jammer genoeg had ik weer gelijk. Dit keer was het de verzekeringsmaatschappij. Ze wilden dat Arnoud maandag om vier uur 's middags op hun kantoor in Den Haag zou langskomen. Dan zou alles kunnen worden afgehandeld. Hoe Arnoud ook probeerde uit te leggen dat hij op weg was naar Frankrijk, de inspecteur was onverbiddelijk en stond erop dat Arnoud persoonlijk langs zou komen. Als dit werd uitgesteld, zou het alleen maar meer geld gaan kosten en daar zat geen van beide partijen op te wachten.

Ik probeerde zo goed en zo kwaad als het ging mijn emoties in bedwang te houden. Ik had het gevoel dat ik ging ontploffen en een rode ballon vormde zich in mijn buik. Dit kon niet waar zijn! Niet wéér! Het leek wel of het nooit zou gaan lukken.

Zonder verder om tekst en uitleg te vragen reed ik verder naar de eerstvolgende afslag en vandaar terug naar huis en vervolgens naar de supermarkt, Arnoud met een verbaasde blik achterlatend.

Ik baalde ontzettend, want voor mij begon de tijd te ook dringen. Ik wilde zo langzamerhand wel weer eens tijd doorbrengen met mijn kinderen; die hadden recht op meer dan een telefoonmoeder. Boos gooide ik van alles in de boodschappenwagen. Het liefst was ik gaan stampen en gillen, maar dat was natuurlijk geen optie. Over Arnoud wilde ik al helemaal niet nadenken, wat mij betreft hoepelde hij maar een paar dagen op. Zijn wisselvallige besluitvorming begon haar tol te eisen. Hij kon mij toch ook alleen sturen? Het was verdomme al de tweede helft van juni.

Ik had het gevoel dat ik aan alle kanten werd tegengewerkt en met een verwoestende 'don't fuck with me'-blik in mijn ogen liep ik verder door de supermarkt, tot ik bij de wijn aankwam. Ik realiseerde me opeens dat het morgen Vaderdag was en dat ik onverwachts dus toch in Nederland was. Ik kocht twee flessen van de betere rode wijn. Misschien was dit wel een goed moment om Arnoud kennis te laten maken met mijn ouders. Langzaam kalmeerde ik een beetje. Eigenlijk kon Arnoud er ook niet veel aan doen, maar het was gewoon zo ontzettend frustrerend. Dat zou hij toch wel begrijpen, dacht ik beschaamd, terwijl ik terugdacht aan hoe ik hem thuis had achtergelaten.

Eenmaal terug in de auto belde ik met mijn ouders om hun te vertellen dat ik nog steeds niet in Frankrijk was en dat dit dat weekend ook niet ging gebeuren.

'Maar nu dacht ik, aangezien ik toch in Nederland ben en het morgen Vaderdag is, om samen met Arnoud even langs te komen.' Mijn ouders wisten nog steeds niets van mijn relatie met Arnoud en mijn vraag drong maar langzaam door aan de andere kant van de lijn.

Na een verbijsterde stilte barste het spervuur aan vragen los: hoe lang is dit al gaande, wat voor soort man is hij, hoe oud is hij, heeft hij kinderen, hoe zijn zijn ouders en alle andere vragen die ouders stellen. Even voelde ik me weer een puber die net aan haar ouders heeft verteld dat ze een vriendje heeft, maar rustig beantwoordde ik alle vragen. Natuurlijk mochten we langskomen. 'Maar,' zei mijn moeder, 'hou er rekening mee dat Henk en de kinderen ook nog langskomen.' Ik had er geen problemen mee dat ik mijn ex-man bij mijn ouders zou tegenkomen.

Toen ik weer thuiskwam zag Arnoud er behoorlijk ongelukkig uit, wat mijn schuldgevoel nog groter maakte. Ik was onnodig boos op hem geweest, als een klein kind dat haar zin niet krijgt en ik voelde weer hoeveel ik van deze man hield. Terwijl ik op de stoel naast hem ging zitten vertelde ik hem dat we morgen werden verwacht bij mijn ouders.

'Ze vinden het heel leuk als we langskomen, lieverd.'

Arnoud werd meteen weer enthousiast. Hij beschouwde dit bezoek als een teken dat ik niet meer boos was, wat natuurlijk gedeeltelijk ook zo was. Toch verliep de avond gespannen.

Door alle spanning was ik bekaf en ik viel meteen in een diepe slaap. De volgende dag werd ik een stuk frisser wakker en ook Arnoud zag er iets beter uit. Hij liet zijn handen over mijn lichaam glijden. Mijn huid begon te tintelen en binnen enkele ogenblikken gaf ik me volledig aan hem over.

Na afloop lagen we loom in elkaars armen.

'Ik hou van je, Miek.' Arnouds stem klonk hees en even hield ik mijn adem in. Dit was de eerste keer dat hij dit tegen me zei en het was alsof de wereld even ophield met draaien.

'Ik hou ook van jou,' fluisterde ik en ik keek hem voorzichtig aan. Zachtjes streek Arnoud mijn haar uit mijn gezicht en kuste me. Opnieuw voelde ik kriebels in mijn buik. Hield het dan nooit op? En met een glimlach op mijn gezicht gaf ik me opnieuw over.

Ondanks onze heftige vrijpartij vertrokken we op tijd naar mijn ouders. Ik wilde er eerder zijn dan de rest van de visite, zodat mijn ouders even rustig konden wennen aan Arnoud en hij aan hen. We hadden net de eerste ronde koffie op toen Henk en de jongens arriveerden.

Die hadden op de parkeerplaats Arnouds auto al herkend en kwamen enthousiast binnengerend. Bijna vergaten ze zelfs opa en oma gedag te zeggen.

Af en toe keek ik even in de richting van mijn ex. Wat zou hij van Arnoud vinden? Ik vond het belangrijk dat hij zich ook prettig zou voelen bij Arnoud, tenslotte zou hij een grote rol gaan spelen in het leven van zijn kinderen. Gelukkig leek het te klikken en Henk en Arnoud praatten meteen over werk en of de crisis invloed had gehad op de charterwereld.

Na een dik uur stapten Henk en de kinderen weer op en kon ik eindelijk rustig met mijn ouders praten. Ik kon aan hen zien dat ze Arnoud wel mochten. Ze hadden de blikken gezien die hij me schonk, maar ze waren ook onder de indruk van zijn zakelijke inzichten. Mijn ouders hadden ook nog steeds een band met Frankrijk en Arnoud liet het dan ook niet na om hen uit te nodigen in Frankrijk. Er was ruimte genoeg en ze konden zelf hun tijd indelen. Zoals Arnoud het deed voorkomen klonk het allemaal fantastisch en mijn ouders namen het aanbod dan ook graag aan.

'Maakt u zich maar geen zorgen, ik regel de vliegtickets wel, dat kan ik een stuk goedkoper.' Arnoud glimlachte er geruststellend bij en weer bedacht ik hoezeer ik toch geboft had met een man zoals hij.

9

Die maandagochtend belde de makelaar weer. Het ging over het huis in Apeldoorn. Met alles wat er de laatste tijd was gebeurd, had ik absoluut geen zin om concessies te doen. Het huis was prachtig, maar er moest nog behoorlijk wat aan gedaan worden en de tuin was veel te klein. Arnoud luisterde maar met een half oor naar mijn bezwaren en knikte halfslachtig. Het was duidelijk dat hij nog niet bereid was om het huis zomaar op te geven en hij vertelde de makelaar dan ook dat we er nog niet helemaal uit waren. Dat beviel me niet erg; ik houd er niet van om mensen aan het lijntje te houden.

We moesten die ochtend flink aan de slag, dus we namen snel alle werkzaamheden door. De tijd vloog voorbij en rond lunchtijd aten we gehaast een broodje. Nog een snelle zoen en toen was Arnoud op weg naar Den Haag. Eindelijk had ik een moment voor mezelf alleen en kon ik in alle rust aan de website werken. Ik begon met het verwijderen van de gegevens van de SY Sensation. Op een vreemde manier deed het een beetje pijn. Ik had het schip nooit gezien, er nooit op gevaren, maar toch was het een verdrietig moment. Het schip had z'n naam eer aan gedaan, maar niet op een positieve manier.

Toen de telefoon ging was het inmiddels alweer drie uur in de middag. Het was mijn schoonzusje Diana.

'Met Annemieke.'

Even bleef het stil, maar toen zei Diana: 'Hé, Miek, met mij.' Haar stem klonk vreemd, bijna gespannen.

Iets binnen in mij verstrakte, waardoor ik me direct afvroeg waarom ze me belde, ik had haar pas nog gesproken, maar voor ik iets kon zeggen, viel ze met de deur in huis.

'Miek, luister 'ns...' Even zuchtte ze. 'Ik vind dit zo moeilijk en ik weet ook niet hoe ik het makkelijker kan maken.'

Ik hield het niet meer. Beelden van mijn broer, een ongeluk en allerlei andere ernstige dingen schoten door mijn hoofd, maar toen kwam het hoge woord eruit.

'Arnoud is niet de man die je denkt dat hij is, Miek. Sterker nog, hij heet niet eens Arnoud. Hij is gewoon een ordinaire oplichter die al meerdere vrouwen heeft bedrogen.'

Haar woorden drongen maar langzaam tot me door; ik had echt geen idee wat ze me nu eigenlijk duidelijk probeerde te maken. Arnoud een oplichter? Dat kon niet, het was gewoon een rare vergissing. Ik schoot in de lach en zei: 'Arnoud een oplichter? Ga toch weg. Echt niet. Ik weet heus wel of iemand te vertrouwen is of niet, hoor. Je moet je echt vergissen.'

Maar mijn schoonzusje hield voet bij stuk en haar stem klonk ernstiger. 'Ik begrijp best dat je me niet voetstoots gelooft, dat zou ik denk ik ook niet zomaar doen,

maar er zijn genoeg bewijzen. Ik heb een aantal websites
bezocht en daar heel veel informatie gevonden. Arnoud
is echt niet de man die hij zegt te zijn. Er is zelfs een televisieprogramma aan hem gewijd. Natuurlijk geloof je
me niet op mijn woord, Miek, maar waarom kijk je niet
eerst even op deze websites en dan bel ik je over een
half uur terug.'

Overrompeld schreef ik de adressen van de websites
op een papiertje, waarna Diana ophing en me in opperste verwarring achterliet.

Langzaam legde ik de hoorn op de haak. Ik voelde me
verdoofd, mijn leven stond compleet op zijn kop. Alles
waar ik tot op dat moment in had geloofd, bleek een
grote leugen te zijn. Doodstil bleef ik aan de computer
zitten, ik wist niet wat ik moest doen of wat ik moest
voelen, daarom voelde en deed ik niets, maar al snel
kwam ik toch in beweging. Ik wilde de websites bekijken
waar Diana het over had gehad en met trillende vingers
typte ik het eerste webadres in.

'Beroepsoplichter G. is begin deze maand door de
politie aangehouden. De voortvluchtige crimineel
was op bezoek bij zijn ouders in de regio Nijmegen
toen de agenten hem staande hielden. G's naam
wordt in verband gebracht met zwendelpraktijken
in zowel binnen- als buitenland...'

Het waren de eerste regels van een van de vele artikelen
die ik las. Hij gebruikte niet alleen de naam Arnoud, ook
onder andere namen maakte hij misbruik van onschul-

dige mensen. Ik kreeg het ene na het andere verhaal onder ogen en hoe moeilijk ik het ook vond, ik kon niet langer ontkennen dat er iets aan de hand was.

Ik probeerde meer te weten te komen door de artikelen, maar er kwamen alleen maar vragen in me op. Waarom ik? Wat wil hij van me? Waarom al die verhalen? Mijn auto?! In mijn hoofd was het een chaos van vragen en ik begon in paniek te raken.

Ik had mijn auto bij zijn kantoor laten staan en mijn leaseauto had hij meegenomen. Zijn eigen auto stond met een praktisch lege tank op mijn oprit. Het had allemaal zo logisch geleken om hem mijn auto mee te geven.

Omdat ik niet wist wat ik moest doen fietste ik als een gek naar het politiebureau, maar daar namen ze me nauwelijks serieus. Het leek wel alsof ze me gewoon niet geloofden. Voor hen was ik niet meer dan een hysterisch mens, iemand die zich druk maakte om niets. Nog steeds in paniek wees ik ze op de internetartikelen en het feit dat hij al vaker had vastgezeten, maar ze konden niets voor me doen. Ze gaven me alleen een advies mee: 'Ik raad u aan uw huissleutel terug te vragen en hem het huis uit te zetten. En als het toch fout gaat kunt u altijd 112 bellen.'

De politieman had emotieloos geklonken en verbijsterd had ik naar zijn woorden geluisterd. Als het toch misging moest ik 112 maar bellen? Wat was dat nou voor advies? Hij begreep er helemaal niets van, niemand begreep er iets van en ik al helemaal niet. Wat moest ik doen?

Ik fietste terug naar huis en belde mijn schoonzusje weer. Ik begreep er helemaal niets meer van. Hoe was ze er überhaupt achter gekomen?

Mijn ouders en Henk hadden het uitgebreid over Arnoud gehad, vertelde Diana, en om de een of andere vreemde reden die ze zelf niet eens helemaal begreep, vertrouwde ze het hele verhaal niet erg. Ze was op zoek gegaan naar Arnoud en zijn bedrijf en was zo op de sites terechtgekomen die ze aan mij had doorgegeven.

Tijdens haar relaas barstte ik weer in tranen uit. Hoe kon dit toch allemaal? Was ik dan zo blind geweest?

Diana zei dat ze gewoon alarmbellen had horen rinkelen en dat ze haar instinct had gevolgd.

Waarom zij wel en ik niet? schoot het door mijn hoofd. Was ik dan zo dom?

'Ik denk dat ik hem nog niet meteen confronteer met de feiten.' Mijn stem trilde en het bleef lang stil aan de andere kant van de lijn. Ik hoorde Diana ademen, dus ik wist dat ze er nog was.

'Denk je dat dat verstandig is? Je kunt beter meteen met hem breken, Miek.' Haar stem klonk bezorgd.

Maar ik werkte nog voor Arnoud. Wat voor invloed zou dit hebben op mijn baan? Ik vond mezelf zo ontzettend stom. Weer was ik belazerd door een man en weer werkte ik voor diezelfde man. Ik was stomweg weer in dezelfde valkuil gestapt. Wat was dat toch met mij? Wat was er mis?

Maar ondanks mijn zelfmedelijden en wanhoop, raakte ik niet compleet mijn verstand kwijt. Nu de paniek wat was weggetrokken, kon ik niet zomaar accepteren dat Arnoud een leugenaar en oplichter was. Onze liefde had zo echt geleken, het was onmogelijk om dat te spelen, maar dat durfde ik niet tegen Diana te zeggen.

Diana zuchtte hoorbaar en beloofde me om haar ontdekking voor zich te houden en het alleen met mijn broer David te bespreken.

Ik nam afscheid en belde meteen Laura. In tranen vertelde ik haar het hele verhaal. Ze luisterde verbijsterd zonder me ook maar één keer te onderbreken. Het was niets voor haar om zo lang te zwijgen. Pas later vertelde ze me dat ze gewoon niet wist wat ze had moeten zeggen. Zo vreselijk vond ze het voor mij.

'Miek, laat me weten als ik je ergens mee kan helpen. Je weet dat je altijd bij me terecht kunt. Je staat er niet alleen voor.' Laura drukte me nogmaals op het hart om te bellen als ik haar nodig had. Dag en nacht. Ik beloofde haar dat te doen.

Alles ging in een soort waas aan me voorbij en ik bleef maar hopen dat ik zo wakker zou worden om tot de conclusie te komen dat ik alles had gedroomd. Maar ik werd niet wakker en met Laura sprak ik af dat ik tegen Arnoud zou zeggen dat haar auto kapot was en dat ze mijn oude auto mocht lenen. De verkoop moest maar even wachten; als daar überhaupt nog iets van zou komen.

Toen we hadden opgehangen, keek ik rusteloos om me heen. Wat moest ik nu doen? Wat kon ik doen? Terwijl ik mijn blik door de kamer liet glijden viel mijn oog op zijn koffertje, dat hij hier had achtergelaten. Even twijfelde ik. Ik kon toch niet zomaar in zijn spullen gaan snuffelen? Hij vertrouwde me. Maar ik duwde het schuldgevoel weg en liep op het koffertje af. Op slot, maar erg inventief was hij niet in het bedenken van originele combinaties; de cijfercombinatie was gewoon zijn geboortedatum.

Met trillende handen en blozend van schaamte opende ik het koffertje, maar veel trof ik er niet in aan. Wel wat papieren uit Frankrijk op naam van de heer George W. en zijn volledige adressenbestand. Mijn hart bonsde in mijn keel toen ik voorzichtig de namen las. De meeste kwamen me totaal onbekend voor. Zenuwachtig keek ik elke keer door het raam. Ik spitste mijn oren bij ieder geluid, vooral dat van een naderende auto. Door de zenuwen durfde ik niet te veel door het koffertje te rommelen. Ik was doodsbang dat hij erachter zou komen dat ik in zijn spullen had zitten snuffelen. Hoe zou hij reageren? De Arnoud die ik had leren kennen was galant en rustig, maar ik kende hem eigenlijk helemaal niet. Misschien was alles toneelspel geweest en liep ik zelfs gevaar.

Nerveus keek ik weer door het raam. Ik klapte het deksel dicht en draaide wat aan het cijferslot. Daarna belde ik Laura weer, ik moest met iemand praten. Ik had het gevoel dat ik gek werd en was bang dat ik zou doordraaien. Tegelijkertijd stak ik een sigaret op. Normaal rookte ik niet in huis, maar vandaag was een uitzondering. Vandaag maakte het allemaal niets uit, want vandaag stortte mijn hele leven in. *Who fucking cared about smoking in the house?* Ik inhaleerde diep en wachtte tot er werd opgenomen.

Toen ik Laura's stem hoorde begon ik meteen weer te huilen. Ik haatte mezelf erom, maar ik kon het niet helpen. Ik was in de war en mijn hele lichaam deed pijn. Alle stress had, zoals wel eerder was gebeurd, een reuma-aanval veroorzaakt en de pijn joeg brandend door mijn gewrichten.

Terwijl ik met Laura aan de telefoon zat kwam Arnoud thuis. Nu moest ik gaan acteren en kwam het eropaan. Dat ik Laura nog aan de telefoon had, kwam eigenlijk heel goed uit. Dan konden zij en ik meteen ons toneelspelletje over de auto opvoeren. Ik liet de hoorn even zakken en legde Arnoud uit dat Laura's auto 'kapot' was en dat ze de mijne zou lenen.

Ik zette mijn onschuldigste gezicht op, maar toen ik had opgehangen, zei Arnoud dat hij te moe was om nu nog een keer op en neer naar Nijmegen te rijden. De auto kon best wachten tot morgen. De rit naar de verzekeraar in Den Haag had zijn tol geëist en dan was er ook nog eens dat gedoe bij de notaris geweest. Het was hem niet in de koude kleren gaan zitten en verslagen plofte hij neer op de bank. Hij kon het niet aan en we besloten dat we de auto dan maar morgen zouden halen.

Ik zuchtte diep. Nu was ik alleen met Arnoud. Hoe moest ik in godsnaam de avond samen met hem doorkomen? Het liefst had ik hem verteld wat er vandaag was gebeurd, wat ik had ontdekt. Dan zou hij me kunnen vertellen dat er niets aan de hand was, dat het niet om hem ging, dat iedereen zich vergiste, en vooral dat hij heel veel van me hield. Maar ik zei niets.

Ik voelde me hondsberoerd en de pijn van de reuma werd alleen maar erger. Voor het eerst was ik blij ziek te zijn en pijn te voelen, want het duurde niet lang voor Arnoud iets in de gaten kreeg en vroeg wat er met me aan de hand was.

'Wat ben je stil, Miek. Gaat het wel? Er is toch niets aan de hand?' Arnouds stem klonk bezorgd en met een gefronst voorhoofd keek hij me aan. Ik kon het voelen, niet zien, want ik hield mijn blik op mijn handen gericht. Ik kon hem niet aankijken, want stel dat hij door zou hebben dat ik iets wist over zijn verleden?

'Er is niets. Ik heb gewoon heel veel pijn in mijn handen en voeten. Het is een reuma-aanval, dat heb ik wel vaker. Ik heb gewoon rust nodig.' Op de eerste drie woorden na had ik geen woord gelogen en blijkbaar had ik oprecht geklonken, want Arnoud slikte mijn verhaal voor zoete koek. Hij was meteen een en al liefde en aandacht. Hij voelde zich schuldig, zei dat het vast door de gebeurtenissen van de afgelopen dagen kwam.

Ik knikte maar wat. Ik ging in een deken gewikkeld op de bank liggen en probeerde me zo min mogelijk te bewegen. Ik was verward en boos. Voornamelijk boos op mezelf. Ik hield van Arnoud, hoe kon ik dan zo aan hem twijfelen? Zelfs de politie wilde niets doen, misschien was er wel helemaal niets aan de hand.

En zo lag ik doodstil op de bank naar de televisie te kijken, maar in mijn hoofd was het een chaos. Alle vragen bleven maar in een kringetje rondtollen en met Arnoud op de andere bank moest ik me bedwingen om hem niet de waarheid te vertellen en een verklaring te vragen. Maar gelukkig hielden de pijn en mijn angst me tegen. Ik wist niet hoe Arnoud zou reageren als ik hem zou confronteren met Diana's verhaal. Ik had drie kinderen aan wie ik moest denken, het ging niet alleen om mij. Het was belangrijk dat ik kalm en beheerst bleef. Zolang dat lukte, zou het allemaal wel goed komen.

Steeds opnieuw probeerde ik mezelf tot bedaren te brengen. Hele gesprekken en situaties speelden zich in mijn hoofd af, terwijl Arnoud probeerde om voor me te zorgen. Die zorg werd hem niet in dank afgenomen, wat hij weet aan mij; ik had pijn en als mensen pijn hebben kunnen ze vervelend zijn.

Ik hield mijn mond uit angst dat hij erachter zou komen dat ik het wist, doodsbang dat hij me iets zou aandoen. Angst dat ik hetmis had en dat ik onze relatie nodeloos op het spel zou zetten. Hoe meer tijd er verstreek, hoe ellendiger ik me begon te voelen.

Arnoud was ondertussen zeer op zijn gemak. Omdat ik op de bank bleef liggen, werd het hem langzamerhand duidelijk dat ik niet voor eten zou zorgen, dus hij liep ontspannen naar de keuken om zelf iets klaar te maken. Ik gruwde ervan om hem daar bezig te horen. Mijn pannen, mijn spullen, mijn huis. Alsof hij alles bezoedelde. Hij hoorde hier niet, hij was een indringer, een oplichter, een leugenaar. Ik kneep mijn ogen dicht en ging op mijn zij liggen. Op de achtergrond hoorde ik hoe Arnoud met zijn bord aan zijn laptop ging zitten. Daar bleef hij rommelen. Ik slikte een paar morfinepillen en bleef liggen.

Net toen ik half in slaap was, besloot Arnoud dat het voor mij beter was om naar bed te gaan. Duizelig van de slaap, spanning en morfine werd ik geconfronteerd met het volgende probleem: het naar bed gaan. Natuurlijk had Arnoud gelijk, het zou veel beter zijn wanneer ik in bed zou gaan liggen, maar ik wilde niet dat hij erbij zou kruipen. Ik wilde hem niet eens in mijn huis, laat staan in mijn bed! Maar ik kon geen enkel excuus bedenken waarom Arnoud in een van de kinderkamers zou moeten gaan slapen en kreunend liep ik naar boven. Nog maar kort geleden wilde ik niets anders dan naast hem liggen en nu walgde ik ervan. Maar ook nu bood de reuma uitkomst, want door een flinke dosis morfine en de uitputting veroorzaakt door pijn en stress, viel ik toch vrij snel in slaap en sliep ik de hele nacht door.

Ondanks het vaste slapen, stond ik op als een wrak. Ik voelde me verre van goed, maar ik wilde per se mijn auto ophalen. Met mijn leaseauto reden we naar Nijmegen. Tijdens het rijden was ik erg stil. Ik wist gewoon niet wat ik tegen hem moest zeggen en had nog steeds heel veel vragen die ik probeerde op te lossen. Ook worstelde ik erg met mijn gevoelens. Telkens als ik naar Arnoud keek werd ik boos, maar al snel daarna voelde ik ook weer hoeveel ik van hem hield. Ik kon hem niet zomaar opgeven, we zouden samen een toekomst krijgen.

Eenmaal op kantoor haalde ik mijn papieren en sleutels uit de kluis. Arnoud wilde nog wat papieren opruimen en ik besloot alvast te vertrekken. Hij had daar geen enkel probleem mee.

'Ik ben over tien minuten klaar en dan kom ik achter je aan.'

Braaf glimlachend knikte ik.

Op van de spanning reed ik even later weer in mijn oude vertrouwde auto over de snelweg naar huis. Natuurlijk bracht ik Laura meteen op de hoogte: 'Ik heb de papieren, de sleutels en de auto.' Nerveus begon ik te lachen, terwijl mijn handen trillend het stuur vasthielden. Laura probeerde het gesprek luchtig te houden. Ze merkte dat ik aan het eind van mijn Latijn was en dat de spanning me bijna te veel werd.

'Ik zie je over een uurtje, rij nou maar voorzichtig. Ik zorg wel voor iets lekkers.' Haar stem klonk gemaakt opgewekt, maar dat vond ik prima. Alles was beter dan de werkelijkheid. Ik wilde nu even niets meer, alleen maar rust. Ik moest me opladen voor als ik weer met Arnoud alleen zou zijn. Waarom moest dit toch allemaal gebeuren? Waarom verdiende ik geen liefde, een normale relatie, waarin iemand echt van me hield? En als ik het nou mis had? Stel dat ik alles zou verpesten met valse beschuldigingen? Ik barstte opnieuw in snikken uit. Het was allemaal zo oneerlijk.

Enigszins gekalmeerd arriveerde ik bij Laura en gaf haar mijn autopapieren. Daarna bracht ze me naar huis, de auto zou ze later bij haar ouders parkeren. Ik wist zelf niet eens waar die mensen woonden en misschien was dat maar goed ook. Op dat moment wilde ik er ook niet meer over nadenken. De auto was veilig, nu nog mijn huis en ikzelf. Het werd tijd dat ik hem ging confronteren met wat ik had ontdekt, maar waar? Mijn huis leek me nu niet de meest geschikte locatie, veel te privé en ik kon gewoon niet weten hoe hij zou gaan reageren. Ik wilde niet een van die vrouwen zijn die de volgende dag of soms dagen later dood werden aangetroffen. Het kantoor zou waarschijnlijk de beste plek zijn. Op die manier was de situatie nog enigszins in de hand te houden. Er huisden meerdere bedrijven in het pand en in geval van nood zou ik altijd kunnen vertrekken. Nu moest ik alleen de middag en avond zien te overleven, dan zou morgen het ergste achter de rug zijn.

Toen Arnoud thuiskwam en de gang in stapte, nam ik met een korte groet de autosleutel van hem aan. Met hernieuwde kracht rechtte ik mijn rug en liet hem weten dat ik weer boodschappen ging doen. Hij gaf me een kus op m'n wang en knikte. Daarna deed hij zijn jas uit en liep naar de kamer.

Het irriteerde me dat Arnoud nooit eens aanbood om de boodschappen te betalen, nooit sprong hij eens bij of deed hij een keer de boodschappen. Het was al eerder door mijn hoofd geschoten, maar met de ontdekking van gisteren leek het wel of overal opeens een vergrootglas boven werd gehouden en ik vroeg me opnieuw af hoe ik zo blind had kunnen zijn. Langzaam drong het tot me door dat de twijfels over de juistheid van mijn verdenkingen plaatsmaakten voor een steeds grotere zekerheid.

Toen ik mijn auto bij thuiskomst parkeerde nam ik meteen mijn persoonlijke spullen mee. Ik zag Arnoud wat bevreemd kijken en halfslachtig liet ik hem weten dat ik de boel wilde updaten en andere muziek in de auto wilde horen. Ik wist niet of hij me geloofde, maar het kon me ook niet echt schelen. Hij zei er in elk geval niets van en ging weer aan zijn laptop zitten.

De volgende dag verliep alles natuurlijk weer anders dan gepland. Met mijn tas over mijn schouder en mijn sleutels in mijn hand keek ik bevreemd om me heen. Arnoud en ik wilden naar kantoor rijden, maar ik zag de leaseauto niet staan op de plek waar ik hem gisteren had achtergelaten. Verward keek ik nog een keer goed om me heen. Had ik hem dan ergens anders neergezet? Even twijfelde ik, maar toen wist ik het zeker: de auto was verdwenen. Ook Arnoud speurde de straat af, maar kon alleen maar tot dezelfde conclusie komen.

Verbaasd liep ik naar de plek waar ik de auto had achtergelaten. Er lag geen glas en niets wees op diefstal. Ik begreep er helemaal niets van.

Eenmaal weer binnengekomen belde Arnoud de dealer, maar omdat de persoon die erover ging nog niet op kantoor was, besloot hij zelf naar de dealer te rijden. Ik geloofde er niets van, maar liet hem gaan. Voor mijn gevoel sloeg hij op de vlucht en voor hij de oprit af reed noteerde ik snel zijn kenteken, daarna belde ik Laura om haar te vertellen wat er nu weer gaande was.

Ze raadde me aan haar man te bellen. Hij werkte vandaag niet en zou me naar mijn eigen auto kunnen brengen. Omdat Joop nog even onderweg was belde ik nogmaals de dealer en op neutrale toon werd me verteld dat de auto gisteren aan het eind van de middag was teruggehaald. Ze waren door een anonieme bron getipt dat Arnoud niet deugde en waren op dezelfde internetsites gewezen als die ik van Diana had gekregen. Hierop had de leasemaatschappij besloten dat ze geen enkel risico wilden nemen en ze hadden de auto laten ophalen.

Opgelucht dat de auto niet was gestolen, vroeg ik of

ik dan in elk geval de laatste persoonlijke spullen uit de auto mocht halen, dan kon ik gelijk de sleutel van de auto inleveren. Gelukkig was dat allemaal geen probleem en ik nam me voor om Joop te vragen eerst even langs de dealer te rijden.

Nog geen twintig minuten later stond Joop voor mijn deur. Met een wit gezicht stapte ik in zijn auto. Bezorgd keek hij me aan, maar hij zei verder niets. Ik was hem daar dankbaar voor, want ik had toch niet geweten wat ik had moeten zeggen. Het was allemaal een grote puinhoop. Natuurlijk vond hij het geen enkel probleem om eerst even de autosleutel bij de dealer af te leveren en weer was ik hem dankbaar.

Bij de dealer aangekomen, meldde ik me bij de receptie. Ik was behoorlijk opgelaten. Wat moesten ze wel niet van me denken? Zij hadden gezien hoe gelukkig Arnoud en ik waren; we hadden meer een stel geleken dan werkgever en werknemer. Indertijd had ik dat geweldig gevonden, nu schaamde ik me ervoor.

Ik was blij dat ik niet al te lang hoefde te wachten, ik had het gevoel dat iedereen naar me keek en wist waarom ik hier was. De manager kwam met uitgestoken hand naar me toe en nam me mee naar zijn kantoor, zodat ik mijn verhaal kon vertellen. Begripvol knikte de man, maar nadat hij had geverifieerd dat de auto inderdaad op naam van het bedrijf stond en niet op mijn naam, nam hij me mee naar de auto, zodat ik mijn spullen kon pakken. Arnouds spullen liet ik liggen.

Op dat moment belde Arnoud. Hij had ook uitleg van de dealer gekregen en begreep er helemaal niets van.

Zijn verwarring klonk zo oprecht en weer werd ik bestormd door twijfels. Stel dat iedereen het mis had? Maar ik wist dat ik hem moest confronteren met wat ik nu wist. Ik had er genoeg van. Ik had genoeg van de onwetendheid, genoeg van het toneelspel, genoeg van alles en ik besloot me niet langer van de domme te houden en te vertellen wat ik allemaal wist. Zonder me te onderbreken liet hij me uitpraten en daarna was het even stil.

'Hoe lang weet je dit al? Waarom heb je niets gezegd?' Arnouds stem klonk aangeslagen, hij had duidelijk niets vermoed. Tot mijn grote verbazing werd hij niet kwaad, maar leek hij eerder moe en verdrietig.

'Miek, het is allemaal een leugen. Ja, ik heb problemen gehad in het verleden, dat ontken ik niet, maar ik ben overal van vrijgesproken. Het is allemaal niet waar, maar wat ik ook doe, die leugens blijven me achtervolgen. Je moet me geloven.' Zijn woorden klonken zo geloofwaardig dat ik niet meer wist wat ik moest geloven. Stel dat het waar was? Stel dat het allemaal leugens waren? Ik werd gek van de onzekerheid. Mijn twijfels lieten me niet zomaar alles vergeten, maar ik wilde hem toch de kans geven om alles uit te leggen. Maar niet nu. Ik had rust nodig. Tijd om na te denken, mijn gedachten op een rijtje te zetten.

We spraken af dat ik de volgende dag langs zou komen op kantoor.

's Avonds belden mijn ouders en ik besloot om ze nog niets te vertellen. Ik bleef tegen beter weten in hopen dat het allemaal niet waar was, dat Arnoud wel eerlijk was geweest en dat alles wat ik de afgelopen dagen had ontdekt berustte op een misverstand. Met een gemaakt vrolijke stem vertelde ik mijn moeder hoe goed het allemaal ging. Alles was prima in orde.

10

De dag daarop ging ik met het zweet in mijn handen naar kantoor en trof Arnoud daar aan met de website-specialist die onze website zou gaan bouwen.

Ik hield me tijdens het gesprek een beetje afzijdig. Voor mij deed alles heel vreemd en nep aan. Als alles op leugens was gebaseerd, waarom dan deze poppenkast? Deze man zou tijd gaan investeren in onze opdracht, maar uiteindelijk zou blijken dat het allemaal voor niets was geweest. Doorgestoken kaart, gebakken lucht. Nog een slachtoffer van Arnouds praktijken. Arnoud zag er keurig uit in zijn pak, als een geslaagde zakenman. De websitespecialist zou niets doorhebben... als Arnoud inderdaad de meesteroplichter was die de internetartikelen zeiden dat hij was.

Ik voelde de verwarring weer toeslaan. Het kon gewoon niet waar zijn. Waarom zou hij hiermee doorgaan? En dat na het telefoongesprek van gisteren. Opnieuw kwam de twijfel op.

Toen de man uiteindelijk wegging, was er niet veel tijd over om te praten. Arnoud moest naar Antwerpen voor de overdracht van de Rosalind. Nog een niet-bestaand schip, schoot het door mijn hoofd, maar meteen voelde ik me schuldig. Misschien moest ik wat meer vertrouwen hebben in Arnoud en hem niet meteen veroordelen. Hij moest zich kunnen verdedigen.

Ik probeerde hoop te houden en wilde dolgraag geloven dat Arnoud onschuldig was.

Natuurlijk merkte Arnoud dat er een bepaalde afstand tussen ons was ontstaan. Steeds weer zei hij dat hij van me hield, dat hij nooit een woord tegen me had gelogen en niks anders wilde dan me gelukkig maken en me een prachtige toekomst bieden. Het waren woorden waar ik nog maar zo kort geleden zwijmelend voor was gevallen en ook nu lieten ze me niet onberoerd, maar ik probeerde sterk te zijn. Eerst moest ik de waarheid achterhalen. Maar het liefst was ik in zijn armen gevallen om te worden getroost en te horen dat alles een akelig misverstand was.

Ik kon het ook niet rijmen. Als Arnoud zo'n meesteroplichter was, wat moest hij dan met mij? Ik was een alleenstaande moeder met drie kinderen. Bij mij was niets te halen. En stom genoeg vertelde ik hem dat ook.

'Dat bedoel ik nou, Miek. Als ik werkelijk zo slecht was als wordt gesuggereerd, als ik alleen maar op zoek was naar geld en vermogen, dan zou ik toch met heel andere vrouwen omgaan? Ik hou van je, Miek. Dat moet je geloven. Ik zou nooit tegen je liegen. Ik hou van je.' Zuchtend gaf hij me een kus op mijn voorhoofd.

De tranen sprongen in mijn ogen. Ik wilde hem zo graag geloven.

We hadden afgesproken dat ik op kantoor zou blijven

werken terwijl hij naar Antwerpen ging. Na een paar uur op kantoor had ik het echter wel gehad. Ik had op internet rondgekeken om Arnouds woorden te controleren en daardoor was er alleen maar meer twijfel gerezen. Zo kon ik, hoe hard ik ook zocht, niets over de door hem vermelde regatta's vinden. Niet op de speciale website en niet op de informatiewebsites van de steden waar deze regatta's zouden worden gehouden. Er werden voldoende regatta's vermeld, maar geen enkele waaraan Arnoud mee zou hebben gedaan. Zelfs de wedstrijd waaraan hij in augustus zou meedoen, leek niet te bestaan. Mijn achterdocht werd er niet minder op.

De rest van de dag verliep traag, maar uiteindelijk was het tijd om naar Arnouds vader te rijden. Arnoud zou ook naar zijn vader komen en samen zouden we praten over wat er allemaal was gebeurd en over de beschuldigingen die op internet stonden. Het was voor mijn gevoel de laatste mogelijkheid voor Arnoud om mijn twijfels weg te nemen. Ik moest er wel naartoe, het kon niet anders. Daarbij wist ik ook niet wat ik anders moest doen. De politie kon me niet helpen en hoe het verder moest met mijn werk wist ik ook nog niet. Ik klampte me vast aan de mogelijkheid dat het inderdaad allemaal leugens waren. Al het andere probeerde ik zo veel mogelijk buiten te sluiten.

Bij de bunkerboot aangekomen voelde ik hoe de kriebels in mijn buik vertienvoudigden. Wim had geen flauw vermoeden van wat er was gebeurd en tijdens het eten praatten we over koetjes en kalfjes. Ongemakkelijk prikte ik in mijn aardappelen. Wat deed ik hier eigenlijk? Was ik wel goed bij mijn hoofd? Stel dat het gesprek uit de hand zou lopen? Wie garandeerde mij trouwens dat Wim niet allang wist wat er was gebeurd, dat Arnoud het hem had verteld en met hem onder één hoedje speelde? Naarmate de maaltijd vorderde werd ik steeds onrustiger. Wat mij betrof konden we nu wel beginnen. Toen we aan de koffie zaten was het eindelijk zover.

Nadat Arnoud Wim in het kort bijpraatte over wat er was gebeurd, was diens reactie kort, maar zonder enige twijfel. Arnoud was het slachtoffer. Volgens Wim was het allemaal pure onzin en hij liet papieren zien die zijn woorden kracht bij moesten zetten. Volgens Arnoud en Wim bleek uit die papieren dat Arnoud onschuldig was. Ik had Wims reactie niet verwacht, en ook de vele papieren brachten me opnieuw aan het twijfelen. Misschien was hij dan toch onschuldig?

'Het was niet niets, Miek. Jarenlang juridisch getouwtrek was het resultaat, maar uiteindelijk werd Arnoud vrijgesproken van alle beschuldigingen. Helaas was zijn goede naam toen al aardig beschadigd, maar hij was in elk geval onschuldig.' Wim keek me verontwaardigd aan, alsof ik er persoonlijk voor had gezorgd dat Arnoud zo veel problemen had. Maar al snel kwam er iets smekends in zijn blik. Hij wilde zo graag dat ik hem zou geloven.

Helaas kon Arnoud me geen bewijzen van die uitspraak laten zien, omdat alle documenten bij zijn boekhouder lagen. Hij had ergens een verklaring van goed gedrag voor nodig gehad en daarom had hij de papieren aan de boekhouder gegeven. Hij zou me de volgende dag het bewijs laten zien. Het klonk allemaal logisch en ik wilde het ook allemaal graag geloven, dus gaf ik de beide mannen het voordeel van de twijfel. Het was niet dat ik Arnoud meteen vertrouwde, maar Wim wel. Het was een aardige oude man en in de internetartikelen had ik niets over hem gelezen. Ik kon me niet voorstellen dat deze lieve, zieke man zou liegen. Hij was degene die me over de streep haalde en ervoor zorgde dat ik Arnoud niet meteen de rug toekeerde. Zonder zijn aanwezigheid, bevestigingen, reacties en emoties, was de avond zeker heel anders afgelopen.

En zo liep ik toch nog naast Arnoud naar mijn auto. De man die erin was geslaagd om mijn hart op zo'n manier te veroveren dat ik hem nog een kans wilde geven. Ik had gevoelens ontwikkeld die een positieve invloed op mij hadden. Zelfs mijn omgeving had een verandering in me opgemerkt. Mijn energie was enorm toegenomen en dat wilde ik niet zomaar opgeven.

Arnoud was zoals gewoonlijk de begrijpende, zorgzame vriend. Hij vertelde dat hij enorm naar me verlangde, maar dat hij geduldig zou wachten, natuurlijk had ik tijd nodig om het allemaal te verwerken. Hij begreep het allemaal en gunde me die tijd. Zowel voor onze persoonlijke als voor onze zakelijke relatie.

De volgende dag brachten we dan ook door op kantoor. Tenslotte moest er nog veel werk worden verzet en moest er nog van alles worden voorbereid voor de geplande reis naar Frankrijk van aankomende zondag. De sfeer was gespannen en het was duidelijk dat we alle gevoelige gespreksonderwerpen probeerden te vermijden. We waren ons allebei bewust van het fragiele evenwicht. Wel probeerde Arnoud me er steeds van te overtuigen dat hij van me hield en dat waardeerde ik toch wel.

'Ik ben blij dat je hier bent, Miek. Je weet toch wel hoeveel ik van je hou?' Met grote puppy-ogen keek hij me aan en ik merkte dat mijn afstandelijkheid wat aan het afbrokkelen was. Soms voelde ik me zelfs op mijn gemak. Eigenlijk kon het ook helemaal niet wat ik op internet had gelezen, het was te zot voor woorden. Tegen de tijd dat ik weer naar mijn ouders moest, hadden we uiteindelijk de hele dag samen doorgebracht. 's Middags hadden we zelfs fysiek weer wat toenadering gezocht. Ook was zijn vader nog even langs geweest, die blij was om te zien dat het allemaal weer de goede kant op ging. Het was in zekere zin best ontroerend dat de oude man niets liever wilde dan dat ik zijn zoon zou geloven. Hij benadrukte nogmaals dat het allemaal leugens waren en ik knikte schaapachtig en accepteerde zijn verhaal. Voor ik vertrok spraken we af dat ik 's avonds met de kinderen bij Arnoud en zijn vader zou komen eten.

De kinderen zouden dat weekend bij mij doorbrengen, op Olivier na, want die zou ik naar mijn broer en schoonzusje brengen om een nachtje te logeren. Ik zag er een beetje tegen op om Diana onder ogen te komen, maar aan de andere kant was ik ook blij dat ik haar zou spreken en over mijn laatste ontdekkingen zou kunnen vertellen en dat Arnoud overal van was vrijgesproken.

Helaas was ze niet zo optimistisch als ik. 'Miek, die man is een oplichter. Natuurlijk heeft hij een mooi excuus. Wees nou alsjeblieft voorzichtig.' Haar gezicht stond ernstig.

'Als je hem nu zelf eerst eens ontmoet, naar hem luistert. Ik weet zeker dat je dan overtuigd bent. Hij heeft bewijzen van zijn onschuld, die kan hij ons dan laten zien.' Smekend keek ik haar aan, maar ze weigerde te luisteren en schudde vastbesloten haar hoofd. Waar rook is, is vuur en daarmee was het onderwerp voor haar afgesloten.

Enigszins teleurgesteld vertrok ik weer. Het was duidelijk dat David en Diana niet openstonden voor wat voor contact met Arnoud dan ook. Vlak voor ik wegging had Diana gezegd dat ze morgen niet zouden blijven als ze Oliver kwamen terugbrengen en Arnoud er ook zou zijn.

Mijn familie was heel belangrijk voor me en ik wilde dat Arnoud daar ook deel van zou gaan uitmaken. Stel nou dat ze hem nooit zouden geloven en dus ook nooit contact wilden? Mijn broer en ik waren close; hoe zou dat dan gaan? Met mijn hoofd vol nieuwe vragen reed ik samen met Chris en Vincent naar Arnoud en Wim. Chris en Vincent waren ontzettend nieuwsgierig naar de woning van Arnoud. Een bunkerboot, wat was dat eigenlijk?

Opgewonden stapten ze de auto uit. Natuurlijk had ik ze proberen uit te leggen hoe Arnoud en Wim woonden, maar een boot waar andere boten kwamen tanken, was iets waar ze zich absoluut geen beeld bij konden vormen. Het hek stond open en we konden dus zo doorlopen. Het was lastig om de jongens in bedwang te houden, want ze vonden de boot geweldig en er was ontzettend veel te zien en te ontdekken. Lachend keek ik toe hoe ze enthousiast de boot op renden.

Wim was duidelijk blij ons te zien en straalde toen hij de jongens zag. Hij vond het geweldig dat ik bereid was om Arnoud een nieuwe kans te geven, maar vooral dat ik bereid was om hem te steunen in de strijd tegen al die leugens. Of ik daartoe echt bereid was wist ik zelf nog niet, maar ik wilde Arnoud zo graag geloven dat ik er niet tegen inging.

Toen er een schip aanlegde om te tanken stonden Chris en Vincent met open mond over de reling te kijken. Hoewel het tanken van een boot een stuk langer duurt dan bij een auto, bleven ze gefascineerd en vonden ze het zo spannend dat zowel Vincent als Chris bijna over de reling tuimelde omdat ze alles goed wilden zien. Ondertussen zat ik met Wim en Arnoud op het terras en konden we rustig praten over wat er allemaal speelde. Wim vertelde me over alle lopende zaken die op dit moment invloed hadden op Arnoud en zijn levensgeluk.

'Het is een groot onrecht. Mijn zoon is onschuldig, wordt belasterd en lastiggevallen en ik kan er nagenoeg niets aan doen. Als vader voel je je dan behoorlijk machteloos, begrijp je dat, Annemieke?' Vragend keek Wim me aan en hij knikte nadrukkelijk toen ik beaamde dat ik dat best kon begrijpen. Het moest ook moeilijk zijn om machteloos te moeten toekijken hoe je eigen kind zwart wordt gemaakt. Maar buiten dat leek hij ook te begrijpen hoe het voor mij moest zijn en had hij alle begrip voor het effect dat de verhalen hadden op mijn geloof in Arnoud.

Een van de zaken die nog liepen was de procedure tegen de TROS vanwege de onwaarheden die zij in hun programma *Opgelicht?!* naar voren hadden gebracht. De uitzending was in 2007 op televisie geweest en daarin waren natuurlijk de 'slachtoffers' in beeld gebracht. Arnoud had echter geen kans gekregen om zijn kant van het verhaal te vertellen. Hij eiste daarom excuses en een officiële rectificatie. Ook liep er nog een procedure tegen het bedrijf dat volgens hem aan de basis van al deze ellende stond. Arnoud pakte mijn hand en keek me recht aan. Hij beloofde me de volgende keer mee te nemen naar zijn advocaat. Op die manier zou ik van hem kunnen horen hoe de zaken ervoor stonden en wat de verwachtingen waren.

Tijdens het eten zaten we aan dek en hadden we een prachtig uitzicht over de Rijn. Het was bijna perfect. Een nieuw leven. Zonder op te kijken reikte ik naar Arnouds hand en kneep er even in.

'Gaat Arnoud straks met ons mee naar huis, mam?' Vincent keek me over zijn bord met patat aan en ook Chris keek hoopvol in mijn richting. Ik wist dat ze graag wilden dat Arnoud met hen meeging en eerlijk gezegd moest ik toegeven dat ik het eigenlijk ook wel leuk vond. Uiteraard was ik niet vergeten wat er allemaal was voorgevallen, maar Arnoud had alles kunnen uitleggen en de bewijzen zou ik snel genoeg mogen inzien. Ook had ik nog steeds gevoelens voor hem, die waren echt niet zomaar verdwenen, ook al leek het daar eerst wel op. Nu ik hier zo zat met mijn kinderen en na de dag op kantoor, kon ik niets anders dan toegeven dat ik nog steeds gek op hem was.

'Ah toe, mam, mag het? Het is toch leuk als Arnoud meegaat?' De jongens gaven niet zomaar op en ondertussen keek Arnoud mij met een blik vol liefde en verlangen aan.

Ik moest lachen en voelde me overrompeld. Door de jongens, door Arnoud, door mijn eigen verlangens... dus ja, waarom ook eigenlijk niet en daarmee was het besluit genomen. Met twee auto's reden we naar mijn woning. Chris ging met mij mee, Vincent stapte bij Arnoud in. Het werd een ouderwets gezellige avond. We keken naar een film en even was het net alsof er niets aan de hand was. Tot de jongens naar bed waren, want toen kwam het moment waarop ik Arnoud moest vertellen dat David en Diana hem morgen niet wilden ontmoeten.

Teleurgesteld luisterde hij naar mijn verhaal. Hij vond het vreselijk om veroordeeld te worden zonder ook maar de kans te krijgen om zich te verdedigen. 'Zo gaat het altijd,' bromde hij, maar hij legde zich erbij neer.

Hoewel ik met mijn schoonzus had afgesproken dat ze niets tegen mijn ouders zouden zeggen, realiseerde ik me dat ik daar niet al te lang mee kon wachten. Met Arnoud sprak ik af om er die vrijdag met hen over te praten. Als de jongens waren opgehaald door hun vader, konden wij rustig met mijn ouders praten. Het was tenslotte een kleine wereld en het zou een kwestie van tijd zijn voor tenminste iets van dit alles tot mijn ouders zou doordringen. Dan maar liever zelf met de billen bloot.

Die avond nam Arnoud me als vanouds in zijn armen en al snel merkte ik dat al mijn gevoelens voor hem nog steeds heel intens waren. Ik klampte me aan hem vast, vastbesloten om hem nooit meer los te laten.

Na een korte, maar heerlijke nacht, belde ik de volgende ochtend met mijn ouders en stelde voor om die vrijdag langs te komen en met Arnoud te blijven eten. Ze vonden dat een leuk idee en hoewel ik wist dat het geen gemakkelijk gesprek zou gaan worden, was ik blij dat ik de afspraak had gemaakt. Vanaf de bank keek ik naar Vincent en Arnoud die op de laptop bezig waren. Ze hadden het allebei prima naar hun zin. Vincent wilde meer weten over hoe het tekenen van schepen in zijn werk ging en hoe je dat driedimensionaal kon weergeven en Arnoud vond het heerlijk dat Vincent zo veel belangstelling had voor zijn werk. Misschien deed het hem aan zijn eigen zoon denken, maar hoe gezellig ook, na de lunch vertrok Arnoud weer, want 's middags zouden David en Diana langskomen. Met pijn in mijn hart liet ik hem gaan.

Die avond kwam Arnoud heel vermoeid thuis. Hij zag er slecht uit en voelde zich lamlendig. Verder had hij problemen met de dealer. Hij stond erop om eerst een gesprek te krijgen voor hij er überhaupt over piekerde om de auto op te halen. Hij wilde een verklaring voor hun actie met mijn leaseauto. Arnoud kon er maar niet over uit dat hij compleet werd genegeerd door de dealer en zijn bezwete en bleke gezicht vertrok af en toe van een pijnscheut in zijn borststreek. Hij probeerde net te doen of het niets was, maar ik kon zien dat de toestand hem erg aangreep.

De volgende ochtend had ik een lekkere brunch gemaakt. Verse broodjes, gekookte eitjes, croissants en gezelligheid. Het was zoals altijd weer een heerlijk moment en de kinderen en ook Arnoud genoten er zichtbaar van. Na het eten pakte ik voor de zoveelste keer mijn tas in voor opnieuw een reis naar Frankrijk. Ik deed het kalm en bedaard, maar ondertussen schoot er van alles door mijn hoofd. Zou dit de eerste keer van nog vele andere reizen zijn, of zou dit de allerlaatste keer zijn?

Hoewel alles inmiddels weer wat rustiger was geworden en onze relatie weer wat stabieler was, had ik na het verhaal van Wim besloten dat het vertrek naar Frankrijk die avond beslissend zou zijn voor mij, voor Arnoud en voor onze relatie. Als er vanavond ook maar iets tussen zou komen, wat dan ook, dan was het voorbij en geloofde ik geen woord meer van wat Arnoud me vertelde. Ik zou geen enkele smoes of reden nóg accepteren. Hoeveel ik ook van hem hield en hoe graag ik hem ook wilde geloven, vanavond moest het gebeuren.

De rest van de dag ging als in een roes voorbij. Het enige wat telde was wat er die avond zou gebeuren. Halverwege de middag bracht ik mijn kinderen terug naar mijn ouders en reed Arnoud nog even langs kantoor om wat spullen voor de reis op te halen.

Toch wat gestrest kwam ik die middag aan bij mijn ouders, totaal onvoorbereid op wat me daar wachtte. Zij waren namelijk die ochtend op bezoek geweest bij mijn broer en schoonzusje en die hadden, ondanks onze afspraak, verteld wat er allemaal speelde. Geschokt luisterde ik naar mijn vader, die geen enkele moeite deed om ook maar iets te verbergen. Hij gaf duidelijk zijn mening en die loog er niet om. Zonder te antwoorden stuurde ik eerst de jongens naar boven. Ik vond het niet nodig dat zij bij het gesprek aanwezig waren, vooral omdat ik nog niet honderd procent overtuigd was van Arnouds schuld. Integendeel, mijn hoop was juist gericht op zijn onschuld.

Ondertussen haalde mijn vader de internetartikelen erbij die hij had geprint. Boos en verontwaardigd keek hij me aan. 'Heb je gezien wat hij allemaal heeft gedaan? Die man is een oplichter, Miek!'

Geëmotioneerd probeerde ik mijn vader zo goed en kwaad als het ging uit te leggen dat ik de artikelen allemaal had gelezen, maar dat ze op leugens waren gebaseerd. Ik vertelde de verhalen die ik van Wim en Arnoud te horen had gekregen en vertelde dat ik binnenkort het 'echte' bewijs te zien zou krijgen.

'Het was de bedoeling dat we dit vrijdag met jullie zouden bespreken, daarom had ik die afspraak gemaakt. Ik begrijp werkelijk niet waarom David en Diana jullie zo nodig alles moesten vertellen. We hadden afgesproken dat ik dat zelf zou doen.'

'Oké, we praten er vrijdag wel over, maar, Miek, ik verwacht wel dat Arnoud met heel goede bewijzen komt, want ik geloof hem niet zomaar.' Mijn vader keek me streng aan en ik voelde me weer net een klein meisje van een jaar of twaalf, dat terecht werd gewezen door haar ouders. Natuurlijk begreep ik zijn boosheid, hij was bezorgd. Na het fiasco met Fabian wilden mijn ouders voorkomen dat ik weer zo gekwetst zou worden. Dat ik met Arnoud naar Frankrijk zou gaan, vonden ze dan ook niet zo'n goed idee.

Rustig probeerde ik ze uit te leggen dat dit voor mij de enige mogelijkheid was om zijn verhaal te controleren. Bovendien werkte ik voor hem, ik kon niet zomaar mijn verantwoordelijkheden uit mijn handen laten vallen. Ik zou echt niet zo makkelijk aan een andere baan kunnen komen en als ik zelf ontslag nam, zou ik ook geen recht hebben op een uitkering.

Toch was ik niet van plan om zonder veiligheidsmaatregelen te vertrekken. Ik had een afspraak gemaakt met Laura. Op bepaalde tijden zou ik haar bellen en laten weten hoe het met me ging. Als ik me niet op tijd zou melden, zou Laura contact opnemen met mijn ouders om te zien wat ze konden doen.

Twijfelend keek mijn moeder me aan. Ik kon haar gedachten bijna lezen. Als ik niet zou bellen, zou het waarschijnlijk al te laat zijn, maar ze hield haar mond.

Toch had ik er om de een of andere reden behoefte om haar nog meer gerust te stellen. 'Mam, ik hou mijn ogen en oren open, dat beloof ik. Je hoeft je echt geen zorgen te maken.'

Ze knikte, maar ik kon aan haar zien dat ze het er niet mee eens was. Hoewel ik weer meer in Arnouds onschuld was gaan geloven, maakten mijn ouders me toch weer aan het twijfelen.

Toch hield ik vol. Die reis naar Frankrijk was belangrijk. Belangrijk voor mijn werk, maar vooral belangrijk voor het geloof dat ik nog enigszins in Arnoud had, geloof dat echter aan een zijden draadje hing. Zonder de reis zou dat draadje breken en daar was ik doodsbang voor. Stel dat alles toch een leugen was geweest? Wat dan? Wat moest ik tegen de jongens zeggen, tegen mijn ouders? Wat zou iedereen van me denken?

In de auto belde ik meteen Arnoud. Ik zocht steun en hoopte dat hij mijn twijfel wat zou kunnen wegnemen. Ik vertelde hem wat er bij mijn ouders was voorgevallen en natuurlijk werd hij daar niet echt vrolijk van. Hij was boos op mijn broer en vond dat hij hem had verraden. 'En jou ook, Miek,' kwam er kortaf achteraan.

Ik was ook boos op mijn broer en schoonzusje, tenslotte hadden we een afspraak gemaakt en ik begreep dan ook echt niet waarom ze zich daar niet aan hadden gehouden, maar Arnoud was echt woedend. Om hem wat tot bedaren te brengen stelde ik voor om David te bellen, zodat ik hem kon vragen wat hem in godsnaam had bezield.

'Maak je geen zorgen, Arnoud, het komt wel goed. Wat er ook gebeurt, ik ga vanavond gewoon met je mee naar Frankrijk.' Mijn stem klonk zekerder dan ik me voelde, maar het belangrijkste was dat Arnoud zich wat beter zou voelen en niet in een depressieve bui zou belanden of nog erger, zich zo druk zou maken dat hij een hartaanval kreeg. Zijn stem klonk verslagen en hij twijfelde eraan of het wel verstandig was om vrijdag naar mijn ouders te gaan, nu hij in hun ogen zo onbetrouwbaar was. Hij zag het helemaal niet meer zitten en was totaal uit het veld geslagen. De hete adem van zijn verleden achtervolgde hem opnieuw en het greep hem allemaal erg aan.

Nadat ik had opgehangen belde ik meteen mijn broer. Ik was boos en geïrriteerd, ik vond het gewoon een rotstreek van hem en had dit totaal niet verwacht. Het was alsof hij een mes in mijn rug had gestoken en toen hij opnam zei ik hem dat ook.

'Miek, ik snap dat je boos bent, maar je moet me begrijpen. Pap en mam waren zo enthousiast over Arnoud. Alles aan hem vonden ze geweldig en prachtig, het was gewoon niet meer om aan te horen. Wij weten hoe onbetrouwbaar hij is en wat voor schade hij kan aanrichten.' Ik begreep zijn beweegredenen wel, maar wat ik gewoon niet kon vatten was dat hij me niet meteen daarna had gebeld, zodat ik in elk geval gewaarschuwd was. Nu was het een complete verrassing geweest en had ik me behoorlijk opgelaten gevoeld.

Daar had David begrip voor, maar het kwaad was al geschied en ik werd heen en weer geslingerd tussen vertrouwen en wantrouwen. Mijn zenuwen konden het bijna niet meer aan en ik had het gevoel dat ik elk moment in tranen kon uitbarsten. Het was om gek van te worden.

'Luister, Miek. Ik hoop echt dat je me morgen vanaf een zeilschip op zee kunt bellen, maar ik geloof er gewoon niet in.' Zijn stem klonk triest, maar mij maakte het alleen maar verwarder en bozer. Ik had steun nodig, niet nog meer problemen en achterdocht.

In opperste verwarring belde ik Arnoud terug op zijn mobieltje. Hij zou inmiddels wel in de auto zitten, maar het tegendeel bleek het geval. Hij was nog steeds op kantoor. Snel stelde ik hem op de hoogte van het gesprek met mijn broer, maar dit had alleen maar het effect dat zijn zelfmedelijden nog groter werd.

'Waarom kunnen mensen me toch niet met rust laten? Waarom moeten ze mij altijd hebben?' Hij leek net een dreinend kind.

Ik begreep er niets van. Wat bezielde hem? In plaats van de zaak aan te pakken, zodat hij kon bewijzen dat iedereen het bij het verkeerde eind had, ging hij bijna huilen. Maar wat ik ook probeerde, hij was niet tot bedaren te brengen. Hij wilde antwoord op zijn vragen: waarom geloofde niemand hem, waarom kwamen ze altijd achter hem aan? Ik zuchtte diep terwijl ik het allemaal aanhoorde.

'Ik geloof je wel, Arnoud, en ik zal je steunen. Dat is het belangrijkste.' Mijn woorden klonken leeg en ik vroeg me af of Arnoud dat hoorde, maar blijkbaar maakte ik me zorgen over niets, want zonder te reageren stapte hij over op het volgende onderwerp: het feit dat ik nog steeds geen salaris had ontvangen. Toen hij begon te praten klemde ik mijn handen om het stuur; wat een verrassing, er was weer een probleem.

I I

Ik probeerde mijn handen te ontspannen, want mijn vingers begonnen pijn te doen. Eigenlijk wilde ik helemaal niet meer naar Arnoud luisteren, maar ik had me voorgenomen tot aan de reis naar Frankrijk vertrouwen te houden, dus ik bleef luisteren naar zijn verhaal. Eerst begreep ik hem niet goed, maar al snel had ik door wat er aan de hand was: er was geld verdwenen van zijn rekening. Niet zomaar een klein beetje, maar een heel groot bedrag. Hij had er geen duidelijke verklaring voor. Niet alleen was er geld verdwenen, hij begreep ook niet waarom het voorschot op mijn salaris en mijn salaris zelf nog niet waren overgemaakt. Ik had hem hier eerder op aangesproken. Arnoud had me een voorschot beloofd voor het tanken en het doen van de boodschappen, maar ik werkte nu alweer een aantal weken voor hem en ik had nog geen cent gezien. Ook bij mij kwamen de rekeningen binnen en het vertrouwen dat het allemaal wel goed kwam nam steeds verder af.

Het was duidelijk dat Arnoud zijn boekhouder niet vertrouwde. Niet dat hij dat wilde toegeven, want hij bevestigde keer op keer dat de man echt geen kwaad in de zin kon hebben. Dat kon gewoon niet. Hij had zich een half jaar geleden bij zijn kantoor gemeld en had direct open kaart gespeeld. Hij had hem over zijn verleden verteld en hem de bewijzen van zijn onschuld ter bewaring overhandigd. Inwendig zuchtend stelde ik voor om alle transacties van de afgelopen maanden uit te draaien, zodat we die onderweg naar Frankrijk en in Frankrijk zelf zouden kunnen doornemen. Arnoud vond dat een goed idee en zei dat hij dit meteen zou doen, daarna zou hij naar mij toe komen.

'Uiterlijk een half uur, Miek, dan kom ik eraan. Ik bel je zodra ik in de auto stap,' en Arnoud verbrak de verbinding. Ik was inmiddels thuis en besloot alvast alles klaar te zetten bij de deur, dan hoefden we alleen de koffers nog in de achterbak te zetten en konden we meteen vertrekken. Daarna ging ik voor de televisie zitten. Er was niets meer te doen en de zenuwen begonnen me parten te spelen. Zonder iets te zien staarde ik naar het scherm. Stel dat mijn broer en ouders gelijk hadden? Stel dat Arnoud niet kwam opdagen? Maar ik sprak mezelf streng toe en probeerde in hem te blijven geloven.

Voor mij was het een uitgemaakte zaak. De boekhouder was niet te vertrouwen en terugkijkend was het dan ook niet verstandig geweest om alle boekhoudkundige taken bij deze man neer te leggen. We zouden alles moeten controleren.

Terwijl de tijd verstreek, steeg de spanning. Het was onmogelijk om stil te zitten en steeds opnieuw stond ik op van de bank en liep ik naar het raam. Dat Arnoud had beloofd te zullen bellen zodra hij in de auto stapte, probeerde ik te negeren. Dat was hij vast vergeten, nog een paar minuten en dan zou hij er zijn. Maar hoeveel minuten er ook verstreken, geen Arnoud. Om acht uur hield ik het niet meer uit en belde ik hem weer.

'Waar blijf je nou?!' Mijn stem klonk harder dan bedoeld, maar ik draaide bijna door. Het doemscenario dat ik al dagen van me af probeerde te duwen kwam angstaanjagend dichtbij.

'Nog vijf minuten, dan vertrek ik echt.' Arnouds stem klonk vermoeid, niet als de Arnoud die ik kende. Het leek wel alsof alle vechtlust uit hem was verdwenen. Bezorgd hing ik weer op. Mijn boosheid was weg, in plaats daarvan was ongerustheid gekomen. Zou het wel goed gaan tijdens het autorijden? Straks kreeg hij nog een ongeluk. Er ging van alles door mijn hoofd en ik stak de ene na de andere sigaret op. Om negen uur had ik nog steeds niets van hem gehoord en toen ik hem belde nam hij niet op.

Bijna huilend van ellende en ongerustheid zat ik op de bank. Stel dat hij was verongelukt?

Rond half elf kwam hij eindelijk aan. Hij zag er slecht uit en waarschijnlijk zag ik er niet veel beter uit. Snel zette ik koffie voor hem. Ik hoopte dat dat hem een beetje zou oppeppen, maar de koffie had niet het verwachte effect. Al na één slok rende Arnoud naar het toilet om over te geven. Toen hij terugkwam was hij lijkbleek, en had hij donkere wallen onder zijn ogen. Uitgeput ging hij op de bank zitten. Hij was ziek, zag het allemaal niet meer zitten en had alle hoop op een mooie toekomst laten varen. Verslagen sloeg hij zijn handen voor zijn gezicht en steunde met zijn ellebogen op zijn knieën. Bijna wanhopig bleef ik maar op hem inpraten.

'Geef de moed nou niet op. Het komt echt goed, we gaan er samen voor vechten en we laten ons niet gek maken.' Ik geloofde zelf niet meer wat ik zei, maar ik bleef het proberen, hoezeer het ook op een toneelstuk begon te lijken. Ook bleef ik aandringen op ons vertrek.

'We kunnen het echt niet nog een keer uitstellen, hoor. We hebben een charter op 2 juli en ik moet alles nog voorbereiden. We zijn daar nodig.'

Arnoud keek me aan alsof hij water zag branden. 'Miek, ik ben doodziek, het is laat, ik kan echt niet meer rijden. Ik ben hondsberoerd en heb steken in mijn borst en arm. Dat begrijp je toch wel?'

Zijn stem klonk zwak en verwijtend, maar zorgde er alleen maar voor dat mijn irritatie en boosheid groeiden. Zo moest de Vesuvius zich hebben gevoeld, vlak voor de uitbarsting, dacht ik vaag en ik duwde mijn nagels in mijn handpalmen. Ik moest me beheersen, maar het was moeilijk. Ik stelde voor dat ik zou rijden. Dan kon hij gewoon slapen.

'Je lijkt wel niet goed bij je hoofd, Miek. Kun je dan niet zien dat ik hondsberoerd ben? Wil je me dood hebben of zo? Je staat nog niet in mijn testament, hoor!' Woedend keek Arnoud me aan.

Ik schrok van zijn boosheid, ik had hem nog nooit eerder zo gezien. Verbijsterd keek ik hem aan. Ik moest eerst kalmeren voor we konden vertrekken. Als we zouden gaan.

Niet wetend wat ik moest doen, bleef ik hem aankijken, maar plotseling sloeg hij om als een blad aan een boom en was hij weer lief en zorgzaam. Ineens was de reis niet alleen voor hem te vermoeiend en laat, dat was het voor mij ook. Volgens hem stond ik stijf van de zenuwen en kon zo'n hele nacht rijden nooit goed zijn voor mijn reuma.

Langzaam begon ik te accepteren dat het me niet zou lukken om hem in de auto te krijgen. Ik zou inderdaad heel veel last krijgen van mijn reuma als ik een hele nacht zou gaan rijden, maar ik wist dat hij het alleen maar als een smoes gebruikte en niet uit oprechte bezorgdheid om mij. Terwijl ik naar Arnoud keek, die rustig op de bank bleef zitten, nam mijn boosheid steeds meer toe. De arrogantie. Maar ik was ook bang. Bang voor de toekomst, voor mijn kinderen, de hele situatie, bang dat alles wat op internet stond waar was.

'Miek, waarom vergeten we die hele autorit niet en nemen we morgen gewoon het vliegtuig?' zei hij glimlachend.

Het liefst had ik hem op dat moment bij kop en kont gepakt en de deur uit gesmeten, maar nog steeds kon ik het niet aan om de waarheid onder ogen te zien.

Arnoud probeerde liefdevol zijn armen om me heen te slaan, maar ik had helemaal geen zin in lichamelijk contact, en wendde me af. Hij zei er niets van, maar ik kon zien dat het hem kwetste. Hij beloofde me dat hij de volgende ochtend meteen het reisbureau zou bellen, zodat we een vlucht vanuit Düsseldorf konden nemen. Zwijgend knikte ik. Ik was voor die avond verslagen en aansturen op nog een gevecht had geen zin.

Ik ging nog even aan de computer zitten om mijn ouders te laten weten dat ik nog steeds in Venlo was en pas de volgende dag een vliegtuig zou nemen.

De volgende ochtend was ik alweer vroeg wakker en meteen wekte ik Arnoud, hij moest onze vluchten boeken en ik wilde geen enkel risico nemen dat hij zich daar ook weer onderuit zou praten. Om vijf over acht belde hij het reisbureau, terwijl ik op internet controleerde of er nog beschikbare plaatsen waren. Volgens mijn scherm waren er nog negen plaatsen vrij, maar zoals ik al had verwacht beweerde Arnoud dat het reisbureau zei dat het was volgeboekt.

'Vreemd,' zei ik ijzig, 'hier op internet staat dat er nog negen beschikbare plaatsen zijn.'

Arnoud wierp een blik op mijn beeldscherm, maar liet zich niet uit het veld slaan. Volgens hem waren dat plekken die alleen maar werden afgegeven aan mensen met een Air Berlin-vipkaart en die had hij niet. Het reisbureau zou proberen ons op de volgende vlucht te zetten en beloofde te bellen als dat gelukt was.

Voor mij was de maat vol en toen hij voorstelde om in de tussentijd naar kantoor te gaan en aan het boekhouderprobleem te werken, weigerde ik. Als hij naar kantoor wilde, dan ging hij maar alleen. Ik had er geen zin meer in. Ik zei dat het me beter leek dat we apart naar Düsseldorf zouden rijden, zodat ik bij terugkomst meteen naar mijn ouders kon om de kinderen te zien. Het was een plausibel excuus en hoewel ik merkte dat Arnoud het niet leuk vond, kon hij er ook niets tegenin brengen.

Arnoud vertrok en ik gaf hem een vluchtige kus op zijn wang, maar zodra zijn auto de straat uit was, dook ik op de computer. Ik wilde controleren hoe laat de volgende vlucht ging, maar hoe ik ook bleef zoeken, er zou die dag geen vlucht meer vertrekken van Düsseldorf naar Nice. Het zweet stond in mijn handen en ik werd met de minuut wantrouwiger. Het werd me allemaal te veel en ik belde Laura, die schrok van mijn stem.

'Wacht daar, Miek, ik kom naar je toe.'

Nog geen half uur later stond ze op de stoep. Ik was zo blij om haar te zien dat de tranen in mijn ogen sprongen. Laura ging naast me zitten zodat ze kon meekijken of ik me misschien niet had vergist, maar helaas bleek al snel dat ik het goed had gezien. Er was geen vlucht tussen Düsseldorf en Nice te vinden.

Laura zat nog steeds naast me toen Arnoud belde om de vluchtnummers en tijden door te geven. Omdat ik nog steeds aan mijn computer zat, zocht ik de gegevens meteen op en vertelde hem dat het vluchtnummer helemaal niet bestond. Zoals te verwachten was, speelde hij weer de vermoorde onschuld en begreep hij echt niet hoe dat kwam. Hij ging direct bellen met het reisbureau; dit was hem nog nooit overkomen. Volgens hem was het een uitstekend reisbureau en hij werkte al heel lang met ze, dus er moest een vergissing in het spel zijn. Als ik niet beter wist, zou ik het bijna nog geloven.

We spraken af dat hij een en ander zou regelen en dat hij me dan de nieuwe vluchtnummers zou doorbellen. Vervolgens zouden we elkaar op de luchthaven zien, maar toen ik ophing wist ik dat dat nooit zou gebeuren.

Ik wist dat vanaf dat moment het sprookje was afgelopen, wat nu nog restte was de afhandeling, te beginnen met het zoeken naar bewijzen, zodat ik hem daarmee kon confronteren. Laura hielp me hierbij.

Als eerste besloot ik de havenmeester in Frankrijk te bellen. Dankzij de vele jaren die ik in Frankrijk had gewoond was de taal geen probleem en vastberaden stelde ik mijn vragen in het Frans. Het ging inderdaad probleemloos en opgelucht haalde ik adem, tot ik de antwoorden kreeg. De medewerkers bij de haven kenden geen Arnoud, en ook geen van de andere namen die hij volgens de internetartikelen gebruikte deden een belletje rinkelen. Ook de bedrijfsnaam zei ze niets en de schepen kenden ze al helemaal niet. Verbijsterd luisterde ik naar de havenmeester, die af en toe ruggespraak hield met zijn collega's.

Ik had nog niet opgehangen of Arnoud belde om me liefdevol uit te leggen waarom ik het vluchtnummer niet kon vinden. Het nummer kwam niet voor op de site van de luchthaven, omdat het gekoppeld was aan een ander vluchtnummer. We zouden de vlucht naar Barcelona nemen en een tussenstop maken in Nice. Op internet vond ik echter heel andere informatie: er was inderdaad een vlucht naar Barcelona, maar dat was een non-stop vlucht en die zou dus zeker niet landen in Nice.

Arnoud werd hier heel erg boos over. Waarom twijfelde ik aan zijn verhaal? Waarom vertrouwde ik hem niet gewoon?

'Ik kan niet geloven dat juist jij je tegen me keert. Waarom zou je me controleren? Er is nog nooit een moment geweest dat ik tegen je gelogen heb, Miek. Nog nooit. Ik heb je nooit anders dan respectvol behandeld en dan vertrouw je me niet? Ik begrijp dat werkelijk niet. We moeten gewoon naar de luchthaven gaan, dan zie je vanzelf dat ik de waarheid spreek.'

Met een blik op de klok zag ik dat we de vlucht, als die al bestond, toch nooit meer zouden halen. Toen ik hem dit vertelde kon ik bijna door de telefoonlijn zien dat de moed hem in de schoenen zonk, maar opnieuw herstelde hij zich snel. Hij zou de vlucht van tien over elf voor de volgende ochtend reserveren, dan maar een korter verblijf, als we maar zouden gaan. Hij zou de instructies aan de kapitein overdragen, dan konden zij vast beginnen en dan zouden wij ze vanaf morgenmiddag komen helpen.

'Sodemieter op, Arnoud!' Ik had mijn grens bereikt. Dit spelletje had lang genoeg geduurd. Met een blik op Laura, vertelde ik Arnoud dat ik niet mee zou gaan. 'Je mag het zelf gaan doen. Ik kap ermee.'

Even was het stil, toen kwam er een felle reactie. Ik kon de angst in zijn stem horen en moest mijn best doen om geen medelijden met hem te krijgen. Het was maar goed dat Laura er was.

'Dit kun je me niet aandoen, Miek. We moeten dit samen doen, dit is ons project. Dat weet je toch? Ik zorg dat de vliegtickets morgenochtend klaarliggen, ik beloof het. Je moet me geloven, Miek.' Smekend probeerde hij me over te halen.

'En hoe zit het dan met je schepen, Arnoud? Ik heb de havenmeester gesproken en hij heeft het gecheckt. Ze kennen de schepen niet en ze kunnen qua diepte ook niet in die haven liggen.' Het was alsof ik olie op het vuur had gegooid.

'Ik weet verdomme toch wel waar mijn eigen schepen liggen! Je hebt gewoon de verkeerde persoon gesproken of je hebt het gewoon niet goed begrepen. Miek, je weet toch wel hoeveel je voor me betekent? Ik hou van je.'

Ik walgde van zijn woorden, het was allemaal zo nep. Deze man wist niet eens wat houden van inhield en hij vertelde leugen op leugen op leugen. Maar hoezeer ik ook van hem walgde en hoe gauw ik hem ook uit mijn leven wilde bannen, ik werkte nog steeds voor hem en zolang ik een van zijn werknemers was, kon ik hem niet vrijelijk vertellen wat ik van hem dacht. Ik moest voorzichtig zijn. Ik had nog te weinig echte bewijzen.

'Hoor eens, Arnoud. Ik moet even alles op een rijtje zetten, er is gewoon te veel gebeurd. Dat begrijp je toch wel?' Nu probeerde ik op zijn gevoel te spelen. Het was een trucje dat ik van hem had geleerd. Ik was een vlugge leerling. Hij niet.

'Miek, neem alle tijd van de wereld. Ik wacht wel, maar ik hou zielsveel van je en heb nog nooit een woord tegen je gelogen. Zegt je gevoel je dan niets, je zou toch niet van me houden als ik echt een bedrieger was?' Hij probeerde me op andere gedachten te brengen. Hij wilde alles voor me doen. Als ik bewijzen wilde zien, dan zou hij ze komen brengen. Hij wilde alles doen wat in zijn vermogen lag, zolang ik hem maar zou geloven. Hij schakelde weer terug op zijn liefdevolle en begripvolle kant en benadrukte nogmaals dat ik alle tijd van de wereld had, op één voorwaarde: we moesten wel telefonisch contact houden.

'Als we geen contact hebben hou ik het geen dag uit, Miek.'

Zuchtend stemde ik toe.

Die middag belde ik mijn ouders en mijn broer. Laura was weer naar huis gegaan en het was tijd om met de billen bloot te gaan en mijn ongelijk toe te geven en onder ogen te zien wat er was gebeurd. Ik was dankbaar dat geen van hen met een verwijt of beschuldiging kwam. Ik voelde me al rot genoeg. En dom, ik voelde me vooral heel erg dom. Maar hoe dom ik ook was geweest, het doek was gevallen en tussen Arnoud en mij was het definitief over en uit.

12

Nog diezelfde avond ging ik op zoek naar bewijzen tegen Arnoud. Nu ik inzag dat alles een grote leugen was, wilde ik ook alles weten. Mijn radeloosheid had zich omgezet in woede. Ik wilde iets doen, niet alleen maar afwachten.

Eerst wilde ik uitzoeken hoe het zat met zijn bedrijven, dus via de internetpagina van de Kamer van Koophandel probeerde ik zijn Ltd's terug te vinden. Maar dat bleek lastiger te zijn dan ik had verwacht, want er was niets terug te vinden. Wel vond ik een link naar het Engelse Companies House. De informatie die ik daar vond, had ik liever niet gevonden. Het maakte de situatie alleen nog maar erger.

Arnoud had me altijd verteld dat ik in dienst was bij een van zijn drie Ltd's, maar er waren helemaal geen drie Ltd's, er waren er maar twee, en die die in mijn contract werd vermeld bestond helemaal niet. Hoewel de andere twee wel bestonden, ging het met die twee ook niet goed. Een ervan bleek pas op 15 oktober 2008 te zijn opgericht en de langst bestaande Ltd stond genoteerd als opgeheven. Ook stond er een geheel ander adres bij. Ik begreep er helemaal niets van, de zaak werd alleen maar onduidelijker. Daarbij ontbrak bij de bestaande Ltd alle informatie, zelfs het doel was niet aangegeven. Zuchtend klikte ik weer verder, ik werd er moedeloos van. Betekende dit nu dat ik helemaal geen baan had? Geen bedrijf, geen baan... geen baan, geen geld.

Hoewel ik me enorm schaamde wist ik ook dat ik hulp nodig had. Dit was te gecompliceerd om alleen uit te zoeken. Eigenlijk wist ik dat er maar één weg was en dat was de weg naar het politiebureau. Ik moest aangifte doen, maar voor het zover was, voor ik concrete stappen kon zetten, had ik tijd nodig. Tijd die ik eigenlijk niet had, want in de tussentijd moest ik Arnoud voor de gek houden. Voorzichtigheid was dus geboden. Toch belde ik die avond, terwijl ik al in bed lag, Arnoud. Ik werd verteerd door schuldgevoel. Ik wist dat ik verkeerd bezig was, ik vertelde hem leugens, zodat hij niet doorhad dat ik er niets meer van geloofde. De bedrieger bedrogen. Het voelde niet goed, maar ik kon niet anders. Ook tijdens dit gesprek bleef Arnoud beweren dat hij de waarheid sprak.

'Ik hou zielsveel van je, Miek. Daar kan niets en niemand tussenkomen. Het zijn allemaal leugens, ik zou nooit tegen je liegen. Dat weet je toch?' Zo veel leugens in een paar zinnen, ik kon er niet over uit, maar nog steeds hield ik mijn mond. Het was niet verstandig om hem nu al tegen me in het harnas te jagen. Ik moest eerst mijn verdediging voorbereiden, dan mocht hij wat mij betreft in de aanval gaan.

'Arnoud, ik heb eigenlijk maar een verzoek en ik zeg je

er eerlijk bij dat het is om de waarheid te achterhalen. Ik wil graag de telefoonnummers van de kapiteins van de twee schepen. Ik zal het op een kennismaking laten lijken, ze zullen niets te weten komen.'

Maar hij was niet bereid om aan dit verzoek te voldoen. Hij zei dat hij bij dat gesprek aanwezig wilde zijn, maar dat was nou precies wat ik niet wilde. Ik wilde het zelf doen, zonder iemand om me heen te hebben, maar wat ik ook zei, Arnoud gaf niet toe en bleef bij zijn standpunt. Hij wilde best geloven dat ik niet de intentie had om iets verkeerds te zeggen, maar hij kon het zich niet veroorloven om dat risico te nemen.

'Ik heb al genoeg ellende in Nederland, dat gezeik hoef ik niet op mijn schepen.'

En daarmee was de kous af. Bij mij wekte het alleen maar meer wantrouwen. Alsof er niets aan de hand was ging hij over op het volgende onderwerp en begon doodleuk te vertellen over wat er zich afspeelde in Frankrijk.

Met tranen in mijn ogen luisterde ik naar zijn woorden. Diep vanbinnen hield ik nog steeds van hem, maar zelfs dat betekende helemaal niets meer. Ik voelde hoe mijn tranen geruisloos langs mijn wangen gleden. Ik was zo gelukkig geweest en nu was het allemaal voorbij.

Ik probeerde mijn huilbui in bedwang te houden en was dan ook blij toen Arnoud ophing en ik me eindelijk kon laten gaan. Ik miste de man die ik eigenlijk nooit had gekend, omdat die man helemaal niet bestond. Uiteindelijk huilde ik mezelf in slaap. Alleen.

Toen ik de volgende ochtend wakker werd, was ik nog vastberadener om de onderste steen boven te krijgen, maar ook om zo veel mogelijk mensen voor Arnoud te waarschuwen. Ik besloot de leverancier in Duiven te bellen, maar wel met mijn privételefoon. Ik was bang dat Arnoud er anders achter kon komen dat ik met de leverancier had gebeld. De bestelde producten waren al geleverd, maar Arnoud had nog geen cent betaald. Met kramp in mijn buik belde ik de eigenaar van het bedrijf en toen ik hem aan de telefoon kreeg probeerde ik de situatie zo goed en zo kwaad als het ging uit te leggen. Ik vertelde hem wat er was gebeurd met de leaseauto en adviseerde hem om een kijkje te nemen op internet. Ook vertelde ik hem waar de producten waren opgeslagen en benadrukte dat het in hun eigen belang was om die zo spoedig mogelijk terug te halen.

Nadat ik het gesprek had afgerond, staarde ik even voor me uit. Ik hoopte echt dat iemand die goederen zou ophalen, maar ik maakte me ook een beetje zorgen over de reactie van Arnoud. Zou hij me verdenken? Ik werd gek van onzekerheid.

Even later werd ik door het bedrijf in Duiven gebeld met de mededeling dat het gelukt was om alle spullen terug te halen en dat ze ook de andere leverancier hadden gebeld. Daniël, de bedrijfsleider, opperde dat het misschien een goed idee was om elkaar binnenkort een keer te ontmoeten en ook met de andere leverancier om de tafel te gaan zitten. Hoewel ik er het liefst niets meer mee te maken wilde hebben, realiseerde ik me dat de bedrijven die Arnoud en ik samen hadden bezocht, ook mijn gezicht en naam kenden. Als ik niet nog meer problemen wilde, dan kon ik maar beter meewerken. Bovendien zei mijn rechtvaardigheidsgevoel me dat we elkaar moesten helpen.

Ik ging me steeds meer zorgen maken over het uitblijven van mijn salaris en het voorschot dat me was toegezegd en daarom vroeg ik Arnoud er opnieuw naar. Hij beweerde stellig dat het geld afgelopen vrijdag al was overgemaakt, maar dat het wel uit Duitsland moest komen.

'Je moet morgen nog maar een keer je rekening nakijken. Als het dan nog steeds niet binnen is, ga ik hoogstpersoonlijk naar de bank om verhaal te halen.' Zijn woorden klonken fraai, maar ik wist dat zijn daden dat niet waren en opnieuw voelde ik hoe mijn maag samentrok van de zenuwen. Stel dat ik helemaal geen salaris kreeg? Hoe moest ik dan mijn rekeningen betalen, mijn hypotheek, het zakgeld van de kinderen, maar bovenal, hoe moest ik eten op tafel krijgen?

Uiteindelijk werden de zorgen me te veel en ik schreef me in bij het UWV voor een uitkering. Ik kon niet meer slapen van de geldzorgen en als ik sliep had ik last van nachtmerries waarin er beslag werd gelegd op mijn huis en de kinderen en ik op straat kwamen te staan.

De volgende stap was dat ik contact opnam met mijn verzekeraar. Gelukkig had ik een rechtsbijstandsverzekering en nadat ze naar de zaak hadden gekeken, hadden ze toegezegd dat ze me zouden bijstaan.

Het klonk allemaal goed, gezien de omstandigheden,

maar uiteindelijk moest ik nog maar afwachten of ze me ook echt zouden kunnen helpen.

Ook stuurde ik Arnoud een mail, waarin ik hem liet weten dat mijn voorschot en salaris nog steeds niet op mijn rekening stonden. Omdat een reactie uitbleef, besloot ik Arnoud weer te bellen. Hij begreep er niets van en liet weten dat hij meteen naar de bank zou gaan en me daarna terug zou bellen. Binnen een uur ging de telefoon weer en ik merkte hoe mijn handen trilden toen ik opnam.

'Hoi, Miek, met mij.' Arnouds stem klonk akelig gewoon. Ik vroeg me af hoe hij dat voor elkaar kreeg. Zijn hele wereld stortte in, maar hij deed alsof hij het over het weer had. Ik probeerde mijn irritatie te verbergen en luisterde naar wat hij te vertellen had: 'Het komt omdat er geen IBAN is opgegeven, dan duurt het altijd een stuk langer. Hoe dat heeft kunnen gebeuren weet ik ook niet, maar het is inmiddels van mijn rekening afgeboekt, dus voor het eind van de week moet het echt op je rekening staan.'

Er viel een korte stilte. Waarschijnlijk verwachtte hij dat ik iets zou zeggen, maar omdat ik mijn mond hield, verbrak hij de stilte zelf maar.

'Je weet toch wel dat ik jou en je kinderen nooit pijn zou willen doen? Daarvoor hou ik veel te veel van je, Miek. Dat weet je toch wel?' Zijn stem klonk zachtjes, maar door de stilte leek het alsof de woorden keihard in mijn oor werden geschreeuwd. Ik bewoog niet en ook hield ik nog steeds mijn mond dicht. De stilte benadrukte de spanning. Het maakte Arnoud onrustig en hoewel ik nergens op inging en dus ook geen blijk had gegeven van goed- of afkeuring, gaf het hem het gevoel dat hij zich moest verdedigen.

'Als het geld vrijdag nog steeds niet op je rekening staat, dan haal ik het persoonlijk van de bank en kom ik het bedrag cash brengen.'

Nadat we hadden opgehangen barstte ik in huilen uit. Ik had Arnoud zo graag willen geloven, maar ik kon het niet meer. Mijn enige hoop was dat hij toch nog zo fatsoenlijk was om een alleenstaande moeder met drie kinderen niet zonder inkomsten te laten zitten. Als mijn inkomen wegviel zouden de problemen niet te overzien zijn. Ik haalde een paar keer diep adem om een opkomende paniekaanval te onderdrukken. Ik moest proberen niet te veel te denken aan het ergste scenario. Mijn hoop was erop gericht dat Arnoud mijn salaris daadwerkelijk zou overmaken. Ik hoopte het zo intens dat ik het bijna ging geloven, maar elke keer dat ik me iets rustiger voelde, herinnerde ik me weer dat de Ltd waar ik onder contract stond, helemaal niet bestond. Het was een detail, maar van cruciaal belang. Hoe kon een bedrijf dat niet bestond iemand in dienst nemen? Maar nog belangrijker: hoe ging een bedrijf dat niet bestond me uitbetalen?

Onrustig liep ik rond in de woonkamer en uit pure wanhoop ging ik maar weer aan mijn computer zitten. Ik ging op zoek naar het volgende bewijs. Ik wilde controleren of Arnoud daadwerkelijk de SY Rosalind had aangekocht, of dat dit ook een leugen was. Vooralsnog ging ik ervan uit dat de Duende wel van hem was. Door middel van een telefoontje naar de makelaar kwam ik er al snel achter dat de Rosalind nog niet was verkocht. Weer een klein stapje dichter bij de waarheid. De Rosalind kon niet in de Franse haven liggen, want ze was nog helemaal niet verkocht.

Aangeslagen keek ik nogmaals naar de aantekeningen die ik had gemaakt van het gesprek. Ik begon me af te vragen hoeveel ik nog zou ontdekken en wat er eigenlijk nog wel waar was van wat Arnoud me de afgelopen tijd had verteld. Nu ik bevestigd had gekregen dat de Rosalind helemaal niet van Arnoud was, begon ik ook te twijfelen aan de Duende. Was dat schip eigenlijk wel van hem? Ik had foto's van Arnoud gezien aan boord van het schip. Het kon haast niet anders dan dat hij echt de eigenaar was, want hoe kon hij anders aan die foto's komen? Ik dacht terug aan hoe ik Arnoud had zien koken in de kombuis van het schip. Ook waren er foto's geweest waarop te zien was hoe Arnoud het dek aan het schuren was. Hij had er vrolijk en onbezorgd uitgezien.

Opnieuw spookten er allemaal vragen door mijn hoofd. Elk antwoord riep zo veel meer vragen op. Het zou waarschijnlijk monnikenwerk worden om alles te achterhalen.

Omdat ik de volgende dag op het politiebureau aangifte zou doen, besloot ik om mijn ervaringen met Arnoud op papier te zetten, die zou ik ook kunnen gebruiken tijdens mijn gesprek met een vertegenwoordiger van de rechtsbijstandsverzekering. Dat het daarnaast nuttig was om mijn gedachten te ordenen en niet compleet in paniek te raken, stond buiten kijf, maar de echte reden probeerde ik verborgen te houden, zelfs voor mezelf. Ik moest nu sterk zijn. Ik probeerde het verhaal zo compleet mogelijk op te schrijven. Mijn emoties drukte ik weg, die waren nu niet belangrijk. Het ging om de feiten, emoties waren alleen maar lastig, probeerde ik mezelf voor te houden, maar tot nu toe was ik elke avond huilend in slaap gevallen. Terugvechten was het enige wat me nog op de been hield.

Die avond belde Arnoud me op. Hij klonk enthousiast, bijna opgetogen. Het kort geding dat hij had aangespannen tegen zijn boekhouder had plaatsgevonden. Hij had al zijn privileges verloren en er zou beslag worden gelegd op zijn boekhouding, zodra hij terug was van vakantie. Voor ik ook maar iets had kunnen zeggen, begon hij weer met zijn inmiddels bekende pleidooi.

'Ik heb je gezegd dat ik altijd de waarheid heb gesproken en dat ik overal van ben vrijgesproken. Ik ben niemand verantwoording schuldig, hoogstens jou.' Het geraaskal ging nog even door, want natuurlijk zou hij het nooit toestaan dat er iemand tussen ons zou komen.

'Het gaat niet gebeuren dat we hierdoor uit elkaar worden gedreven, Miek. Ik laat dat gewoon niet gebeuren. Jij bent de enige met wie ik eerlijk en open kan praten. Zelfs met mijn vader kan ik hier niet over praten, de arme man kan zich zo opwinden over wat me wordt aangedaan.' Arnouds stem klonk zo zoet als stroop.

Het waren mooie woorden, maar ik geloofde er geen barst van dat hij zich zorgen maakte over zijn vader. Wel wist ik dat Wim zich inderdaad druk maakte om wat er allemaal gebeurde en dat dit nooit goed voor hem kon zijn. Wim beweerde zeker niet dat Arnoud een heilig boontje was en gaf toe dat hij fouten had gemaakt. Onder andere het gerommel met de belasting was Wim een doorn in het oog, maar iemand echt persoonlijk schade berokkenen? Nee, daar geloofde Wim niet in. Zoiets deed zijn zoon niet.

Eigenlijk vond ik het wel zielig. De oude man hield oprecht van zijn zoon en in mijn ogen was hij net zo goed een slachtoffer.

'Weet je, Miek?' Ik schrok van Arnouds stem. Ik was diep in gedachten geweest en had niet meer geluisterd naar Arnouds gejeremieer. 'Het zijn allemaal klootzakken en lafaards. Ze durven zich niet eens bekend te maken, maar strooien wel allemaal leugens in het rond. Als ik echt schuldig was, dan was ik toch allang met de noorderzon vertrokken? Dan was ik toch niet zesentwintig jaar op hetzelfde adres blijven wonen?'

Hij was zo aan het doordraven dat hij niet eens in de gaten had dat hij een van zijn eigen leugens om zeep had geholpen. Eerder was hij blijven volhouden dat hij jaren in Frankrijk had gewoond, nu woonde hij opeens al zesentwintig jaar op hetzelfde adres. Maar Arnoud was te veel met zichzelf bezig om het ook maar op te merken en ratelde gewoon door. Mij maakte het niet meer uit. Ik nam niet eens de moeite om hem op zijn leugen te wijzen, dat zou toch geen zin hebben. Bovendien kon ik er nu toch niet tegen ingaan, niet zolang ik nog voor hem werkte en nog geld van hem kreeg.

'Het enige wat ik wil is jou gelukkig zien, Miek, en

oud met je worden. Het maakt me niet uit waar of hoe, zolang we maar samen zijn. Al het andere kan me gestolen worden.'

Met een strak gezicht zei ik dat hij gelijk had. Onze liefde was het allerbelangrijkste en uiteindelijk zouden wij als winnaars uit de bus komen en de hele wereld laten zien dat onschuldige mensen niet zomaar onrecht kan worden aangedaan. 'Het belangrijkste is dat we samen zijn, Arnoud.' Mooie woorden, maar ik meende er geen bal van. Gelukkig slikte Arnoud het allemaal voor zoete koek en hij vroeg me zonder argwaan om de volgende dag weer iets van me te laten horen.

'Ik hou van je, Miek.' Hij wachtte mijn antwoord niet af en hing meteen op, en waarschijnlijk was dat maar beter ook. Ik was alle leugens meer dan zat en met een dichtgeknepen keel hing ik op.

13

Die nacht sliep ik nauwelijks. Als ik al in slaap viel droomde ik over Arnoud. Zwetend schrok ik dan weer wakker. Alles deed me pijn. Mijn gewrichten, mijn hoofd, mijn buik, maar vooral mijn hart. Ik wist dat ik stappen moest ondernemen, maar ik vond het zo moeilijk. Het was gewoon te pijnlijk om na te denken over hoe het nu verder moest.

Toen ik met dikke ogen al om zes uur 's ochtends aan de huiskamertafel zat, zag ik mezelf in de weerspiegeling van het raam. Een verwilderde vrouw keek me aan. Wezenloos staarde ik terug. Was ik dat? Zo kende ik mezelf helemaal niet. Maar veel belangrijker: zo kenden mijn jongens me niet. Ze zouden zich kapot schrikken, om nog maar te zwijgen over mijn ouders.

Het maakte me boos en ik nam een beslissing. Ik zou aangifte gaan doen en wel vandaag. Zo kon het niet langer, ik had advies en hulp nodig.

Op weg naar het politiebureau sloeg de twijfel weer toe. Stel dat ik het allemaal mis had? De gedachte was bijna angstaanjagend en ik beet hard op mijn lip. Je hebt het niet mis, corrigeerde ik mezelf meteen en ik reed door.

Terwijl ik in de wachtkamer zat, overdacht ik nog-maals de hele situatie, daarna keek ik op mijn horloge. Ik was misselijk van de zenuwen. Er waren nog maar een paar minuten voorbij, maar het leek wel of ik al uren zat te wachten. Eindelijk ging dan toch de deur open en kwam een van de agenten naar buiten. Het was tijd om mijn verhaal te doen. Ik was opgelucht en ang-stig tegelijkertijd. Het zweet stond in mijn handen en mijn hart bonsde in mijn keel, maar ik haalde diep adem en probeerde zo goed en kwaad als het ging aan de vrou-welijke agent te vertellen wat er was gebeurd en ik gaf haar ook de vijf A4'tjes die ik had uitgetypt.

Terwijl ze ging zitten lezen, bleef ik zenuwachtig wachten. Wat zou de agente wel niet van me denken? Zou ze me ook zo stom vinden? Maar opnieuw corrigeer-de ik mezelf. Ik was niet de enige vrouw of gedupeerde. Volgens internet en TROS' *Opgelicht?!* was deze man een professional. Natuurlijk zou de politie me niet uitla-chen. Ze zouden actie ondernemen.

Met hernieuwde hoop bleef ik wachten, maar toen ze klaar was met lezen kwam de teleurstelling. Er kon geen sprake zijn van aangifte. Dit was een probleem tussen werkgever en werknemer en dat soort zaken vielen on-der de civiele rechter. Er moest een civiele procedure worden gestart in plaats van een strafrechtelijke.

Stomverbaasd keek ik haar aan.

'Hoezo een civiele procedure? Waarom kunnen jullie mij niet helpen?' Bijna smekend keek ik de politieagente aan. Er schoot van alles door mijn hoofd. Zou er dan he-lemaal geen oplossing zijn? Kon iemand hier dan zomaar mee wegkomen? 'Begrijpt u wel wat deze man aan het doen is? Hij dupeert heel veel mensen en buiten het emotionele leed...' even haalde ik diep adem, ik moest ontzettend mijn best doen om mijn stem niet te verheffen, '... buiten het emotionele leed heb ik tot op heden ook nog geen salaris ontvangen. Het bedrijf bestaat helemaal niet. Dat is toch strafbaar?'

Zwijgend keek de agente me aan. 'Ik begrijp uw probleem, mevrouw, maar er is helemaal geen bewijs en als er geen bewijs is, kunnen we er ook niets mee.' Om haar woorden kracht bij te zetten knikte ze een paar maal. 'Bovendien,' ging ze verder, 'kan uw salaris altijd over een paar dagen toch nog op uw rekening staan. Misschien moet u dat eerst even afwachten. Wat ik wel voor u kan doen is hier melding van maken, zodat het verhaal is geregistreerd.'

Ik knikte een beetje schaapachtig. Ik zag niet in hoe een melding mij verder ging helpen en vond het belachelijk dat de politie simpelweg weigerde om mijn aangifte op te nemen. Het enige advies dat ik kreeg was om een advocaat in te schakelen, in de hoop dat ik zo mijn loon zou krijgen. Ook vertelde ze me dat het een goed idee was om voortaan alle contacten met hem bij te houden en te hopen dat hij regelmatig bij me op de stoep zou staan. Als hij dat deed konden ze namelijk wel iets voor me doen: dan kon ik aangifte doen van stalken.

Het leek wel de omgekeerde wereld. Ik moest er niet aan denken dat Arnoud mij daadwerkelijk zou gaan stalken, maar zoals de agent het bracht was dat het beste wat me kon overkomen. Op die manier kon ik tenminste iets ondernemen.

Een uur later stond ik met een katterig gevoel weer buiten. Naast alle boosheid en stress was ik nu ook gefrustreerd. De politie zou er moeten zijn om te helpen, maar nee hoor. Ik voelde me nu alleen nog maar beroerder. Ik had mijn baan opgezegd en nu stond ik met lege handen: geen salaris en niemand die me hielp.

Ik wist niet meer hoe het nu verder moest met Arnoud. Uiteindelijk zou ik toch ergens een knoop moeten doorhakken, maar zonder aangifte stond ik er helemaal alleen voor en kreeg ik zelfs geen steun van justitie. Teleurgesteld en boos liep ik over straat. Stel dat die advocaat me ook niet kon helpen? Wat moest ik dan? En hoe zou het verdergaan met het uwv? Waarschijnlijk had ik niet eens recht op een uitkering; tenslotte had ik zelf ontslag genomen bij de veiling en bestond het bedrijf van Arnoud waarschijnlijk niet eens.

Tranen van frustratie biggelden over mijn wangen. De toekomst zou verschrikkelijk zijn. Het huis zou in beslag worden genomen door de bank omdat ik mijn hypotheek niet meer kon betalen en uiteindelijk zou ik er torenhoge schulden aan overhouden waar ik nog jarenlang mee bezig zou zijn om ze af te betalen. En hoe moest ik de kinderen eten gaan geven? Snikkend zat ik in de auto, mezelf onderdompelend in zelfmedelijden.

Ik begreep werkelijk niet waarom al deze ellende mij overkwam. Wat had ik verkeerd gedaan? Er liep een oude vrouw langs de auto. Nieuwsgierig keek ze door het raam en zag hoe ik zat te huilen. Ik schaamde me vreselijk en snel veegde ik mijn wangen droog, maar ze liep door en terwijl ik mijn handen tegen mijn gezicht drukte begon ik weer te snikken. Wat maakte het ook allemaal uit?

Na wat een eeuwigheid leek, snoot ik mijn neus. Ik gruwde van het zelfmedelijden en ik was dan ook vast van plan om er niet aan toe te geven en te vechten. Ja, ik had een inschattingsfout gemaakt. Te snel waren privé en zakelijk met elkaar verstrengeld geraakt en was ik verliefd geworden op Arnoud. Ik voelde me dan ook dubbel bedrogen. Ik had de illusie van een leuke baan gehad, en daarnaast de hoop op een leuke vent.

Ik besloot Arnoud te bellen. Hoewel ik wilde vechten, had ik me ook voorgenomen om Arnoud voorlopig in de waan te laten dat ik aan zijn kant stond en voor onze relatie wilde vechten. Ik wist gewoon niet hoe hij zou reageren en ook mijn eigen emoties had ik nog niet volledig in bedwang.

'Hoi, met mij.' Mijn stem trilde een beetje en ik probeerde geluidloos diep adem te halen. 'Ik heb het etentje met mijn ouders afgelast.'

'O?' Zijn stem klonk vlak.

'Ik heb gewoon nog wat meer tijd voor mezelf nodig voor ik de confrontatie met mijn ouders aan wil gaan. Dat begrijp je toch wel?'

Nu klonk er een diepe zucht aan de andere kant van de lijn.

'Ik begrijp het wel, maar ik heb er wel moeite mee dat je zo weinig vertrouwen in me hebt, Miek,' was het enige wat hij er verder nog over zei. Het was een zwakke poging om op mijn schuldgevoel te werken, maar hij leek door te krijgen dat die tactiek niet meer werkte en hij hield erover op. Hij had door dat aandringen de zaken alleen maar erger maakte.

Die avond moest ik naar het kamp van Olivier en Vincent, die op schoolreis waren. Omdat Vincent twee klassen had overgeslagen, zouden ze volgend jaar tegelijkertijd naar de middelbare school gaan. Hoewel mijn hoofd helemaal niet naar zulke dingen stond, zat er niets anders op dan naar hun bonte avond te gaan, dat had ik beloofd. Toch was ik ook wel blij. Eigenlijk wilde ik niets liever dan bij de kinderen zijn en toen ik er eenmaal was, probeerde ik alle zorgen even los te laten. Tenslotte was het een belangrijke avond voor ze en ik wilde ze niet opzadelen met mijn problemen. Daar waren ze nog veel te klein voor en ik wilde dat ze genoten van deze geweldige avond.

De kinderen hadden toneelstukjes, liedjes en dansjes voorbereid en genoten duidelijk van hun laatste dagen als basisscholier. Voor hen zou alles er anders uitzien volgend jaar. Net als hun vriendjes zouden ze naar een andere school gaan, maar Olivier en Vincent zouden ook hun vertrouwde omgeving moeten verlaten. Ze zouden weer bij mij komen wonen, in Limburg, ver verwijderd van alles wat ze kenden. En ik wist niet eens voor hoe lang. Stel dat ik ons huis moest verkopen? Waar zouden we dan naartoe moeten? Weer terug naar Gelderland? Stel dat alles voor niets was geweest? Kon ik dat mijn kinderen aandoen?

De volgende dag bracht ik Chris naar school en ik liep

met hem mee naar binnen, zodat ik kon zien waar hij de laatste tijd aan had gewerkt en wat hij allemaal had gemaakt. Weemoedig liep ik door het lokaal. Het zou een van de laatste keren zijn. Ook Chris zou na de zomervakantie naar een andere school gaan. Toen ik hem achterliet, zag ik hoe hij aan zijn tafel ging zitten. Hij was gelukkig met zijn vrienden, vrienden die hij moest achterlaten. En waarvoor?

De rest van de dag bracht ik in een melancholische stemming door. Toen Olivier en Vincent thuiskwamen waren ze doodmoe en vies. Vincent besloot meteen in bad te gaan, iets wat zeker geen overbodige luxe was: behalve de middag in het zwembad hadden ze volgens mij geen druppel water meer gezien. Natuurlijk werd dat ten stelligste ontkend, maar het bewijs bleef duidelijk achter in het badwater en voor Olivier in bad kon moest ik eerst het bad schoonmaken en opnieuw vol laten lopen.

Met vochtige haren en rode koontjes van vermoeidheid viel Olivier na het bad meteen in slaap. Pas toen Henk de jongens kwam ophalen voor het weekend maakte ik hem weer wakker. Ik moest alweer afscheid van hen nemen. Na het vertrek van de jongens had ik een lang gesprek met mijn ouders, waarin ik al mijn angst en woede legde. Daarna verzamelde ik mijn spullen en reed terug naar huis, helemaal leeg.

Het weekend stond voor de deur. Eén ding wist ik zeker, het zou dit keer niet in het teken staan van een eventueel vertrek naar Frankrijk.

Tijdens de rit belde ik Arnoud weer op. Natuurlijk

begon hij meteen over zijn problemen.

'Het lijkt wel of de hele wereld tegen me is, Miek.'

Ik moest me inhouden, maar opnieuw probeerde ik hem gerust te stellen. 'Maak je geen zorgen, het komt allemaal wel goed, joh.' Ik werd naar van mijn eigen onoprechtheid, maar om de een of andere reden durfde ik er nog steeds geen punt achter te zetten. Ik wist totaal niet hoe ik het moest aanpakken. Ik ging over op een ander onderwerp; het nog steeds niet ontvangen salaris en daarna spraken we zelfs nog over onze reis naar Frankrijk met de kinderen. Er was geen haar op mijn hoofd die erover peinsde om deze man zelfs maar in de buurt van mijn kinderen te laten komen, maar dat deed er nu even niet toe. Het telefoongesprek was niets anders dan een toneelstukje, iets wat me heel veel pijn deed en hoewel ik me ervoor schaamde moest ik na afloop toch weer huilen. Ik begreep niet waarom het zo'n pijn bleef doen. Ik wist toch dat Arnoud een oplichter was? Ik zei tegen hem dat ik het weekend bij mijn ouders zou doorbrengen, ik wilde de kinderen echt weer vaker zien. Wat Arnoud natuurlijk niet wist was dat het gewoon een smoes was om hem niet te zien.

Het hele weekend liep ik als een zombie door het huis. Ik probeerde de ramen zo veel mogelijk te mijden en plofte uiteindelijk neer bij de computer. Ik voelde me een gevangene in mijn eigen huis. Allemaal dankzij Arnoud, dacht ik grimmig. Opnieuw zocht ik op internet naar informatie, maar ook deze keer vond ik geen nieuwe aanwijzingen. Het was zo frustrerend.

Naast de computer lagen de papieren van mijn verzekering en de aanvraag voor rechtsbijstand. Ik schoof mijn laptop opzij en pakte er een pen bij. Ik kon dit maar beter meteen afhandelen. Zuchtend ging ik aan de slag. De vragen waren duidelijk en toen ik alles had ingevuld, deed ik er een kopie bij van het hele verhaal. Ik bracht het meteen naar de brievenbus, zodat ik het niet kon vergeten. Wat sowieso onmogelijk was, want Arnoud en de gevolgen van zijn daden speelden elke minuut van de dag door mijn hoofd.

Er kwam ook brief van het UWV met het verzoek om me de volgende week te melden bij mijn werkbegeleider. De brief gaf me weer een sprankje hoop. Misschien kreeg ik toch een uitkering. Als ik het hele verhaal zou vertellen en alles zou uitleggen, waren ze misschien wel bereid om me te helpen. Het was mijn enige hoop op overleving. Een uitkering was geen vetpot, maar ik zou in elk geval eten voor mijn kinderen kunnen kopen. Diep vanbinnen was ik blij dat mijn kinderen nog twee weken bij mijn ouders zouden zijn. Ik wist nog niet hoe ik hun het kostgeld ging betalen, maar het was in elk geval een lager bedrag dan wanneer ik ze bij me in huis had gehad.

Een steek van schuldgevoel ging door me heen. Het was vreselijk om zoiets te denken. Welke moeder was nou blij dat haar kinderen niet bij haar waren? Ik beet op mijn lip. Waarom was alles toch zo moeilijk? Ik probeerde mezelf weer in de hand te krijgen, maar het was al te laat: een zondvloed van tranen stroomde over mijn wangen en ik leek met geen mogelijkheid meer te kunnen stoppen. Alles was zo oneerlijk. Waarom was dit allemaal gebeurd? Wat stond er nog allemaal te gebeuren? Ik schaamde me zo! Hoe had ik toch zo stom kunnen zijn? Hoe had ik dit kunnen laten gebeuren? Eenzaam zat ik op de bank te huilen, terwijl het in de woonkamer steeds donkerder werd.

De continue spanning was me nu dan toch echt te veel geworden. Het toneelspel dat ik moest opvoeren voor Arnoud, zodat hij er maar niet achter kwam dat ik niets meer met hem wilde en hem ook niet meer geloofde, vond ik het allerergste. Het liefst wilde ik hem de waarheid vertellen, zeggen dat hij een leugenachtige klootzak was en dat ik hoopte dat hij ooit net zo zou worden gekwetst en bedrogen als hij dat bij mij had gedaan. Dat ik al deze gevoelens steeds moest wegstoppen was volkomen tegennatuurlijk. Ik hield er niet van om oneerlijk te zijn, zelfs niet tegen iemand die van elke zin een leugen maakte. Het vrat aan me en maakte dat ik steeds labieler en emotioneler werd. Ik hield dit niet langer vol, er moest iets gebeuren.

Ik snoot mijn neus en droogde mijn tranen en pakte toen de telefoon. Ik ging Arnoud bellen en vertellen dat onze relatie voorbij was, en dit keer voorgoed.

Mijn hart bonkte in mijn keel toen de telefoon overging. Hoe zou hij reageren? Wat zou hij doen? Was dit verstandig? Maar zodra ik begon te praten won mijn frustratie het van mijn angst.

Mijn eerste woorden klonken nog wat bibberig en door een kriebel in mijn keel begon ik te hoesten, maar ik herpakte mezelf en vervolgde mijn verhaal met vaste stem: 'Er is gewoon te veel gebeurd, dat moet je begrijpen. Ik denk niet dat dit goed is voor mijn kinderen en daarom kan ik maar één ding doen en dat is een eind aan onze relatie maken. Ik kan niet anders.'

De klap had niet harder kunnen aankomen en Arnoud ontstak van het ene op het andere moment in woede. Hij begreep totaal niet waarom ik tot die conclusie was gekomen.

'Ik ga dit niet toelaten, Miek. Dit gaat niet gebeuren. Godverdomme, wie denk je wel dat je bent? Ik accepteer dit niet, hoor je me? Dit gaat niet gebeuren, godverde-godverdomme!'

Woedend schreeuwde Arnoud door de telefoon en angstig luisterde ik. Mijn hart bonkte in mijn keel. Zo kende ik Arnoud niet, en zijn woede maakte me bang. Had ik een fout gemaakt? Had ik niets moeten zeggen? Maar wat had ik dan moeten doen?

Arnoud bleef maar razen en tieren en ik besloot het gesprek te beëindigen zonder verder nog een woord te zeggen. Zijn uitbarsting had me bang gemaakt en trillend bleef ik op de bank zitten. Zijn dreigende woorden galmden nog na in mijn hoofd. Ik wist niet wat hij meende en wat hij uit pure frustratie had gezegd. Ik kende hem helemaal niet. Opnieuw voelde ik me ontzettend dom. Waar had ik met mijn verstand gezeten de afgelopen maanden? Ik had hem in mijn huis, mijn gezin opgenomen!

Opeens ging mijn mobiel weer over. Ik schrok ervan, zo gespannen zat ik op de bank. Op het display zag ik dat het Arnoud was, maar ik durfde niet op te nemen. Na een tijdje schakelde mijn toestel door naar mijn voicemail. Lieve woorden vol spijt en de vraag of ik hem zo snel mogelijk wilde bellen. Een paar minuten daarna ging mijn toestel weer, maar zelfs na de lieve voicemail was ik niet van plan om op te nemen. Ik wist niet wat ik tegen hem moest zeggen. Stel dat hij weer zo woedend werd?

Maar Arnoud gaf het niet zo snel op en tien minuten later ging mijn telefoon weer over. Met een diepe zucht keek ik naar mijn toestel dat lichtjes over de tafel bewoog elke keer dat hij overging en de trilfunctie werd geactiveerd. Ik wist dat ik hem toch een keer te woord moest staan en besloot op te nemen.

'Miek! Ik ben zo blij dat je opneemt. Het spijt me dat ik zo boos werd, maar het is ook zo verdomd frustrerend. Ik heb nog nooit een woord tegen je gelogen en toch wantrouw je me, verbreek je zelfs onze relatie. Dit heeft allemaal met het verleden te maken, Miek, en niets met ons heden. We komen hier wel doorheen, vertrouw me alsjeblieft.'

Maar ik liet me niet vermurwen. 'Het heeft niet alleen met je verleden te maken, Arnoud. Het heeft wel degelijk met het hier en nu van doen en ik kan er gewoon niet meer tegen. Ik kan het niet meer.'

Maar Arnoud wilde het niet accepteren en bleef maar op me inpraten. Hij zette me zwaar onder druk en zei dat het leven geen zin meer had zonder mij, dat het dan voor hem allemaal niet meer hoefde. Het was allemaal emotionele chantage, maar ik voelde me er toch heel akelig onder. Beelden van reportages van familiedrama's schoten door mijn hoofd. Stel dat hij hiernaartoe kwam en me zou vermoorden, of op een ander tijdstip, als de kinderen thuis waren? Maar ondanks de dreiging liet ik me niet ompraten en wees hem erop dat als hij zich zo voelde, hij beter mijn contract kon ontbinden.

'Wat denk je wel, Miek? Denk je echt dat ik zo ben, dat ik je zomaar zou laten barsten en je ontslaan? Daar kan absoluut geen sprake van zijn. Ik dacht dat onze liefde echt was. Waarom heb je de muur die ik om me heen had gebouwd afgebroken als je niet van plan was om deze relatie serieus te nemen? Ik zou mijn leven voor jou en je kinderen geven. Dat weet je.'

Na tien minuten zei hij dat hij moest ophangen. Het werd hem allemaal te veel, zei hij en hij klonk inderdaad verslagen. Eigenlijk wilde hij dat ik hem die avond nog zou terugbellen, maar daar had ik helemaal geen zin in. Wat mij betreft was alles gezegd en viel er niets aan toe te voegen. Mijn woorden klonken krachtig, maar toen ik ophing barste ik weer in snikken uit.

De slapeloze nachten, in combinatie met mijn emotionele toestand, zorgden ervoor dat ik uitgeput was. En ik probeerde de zaterdag door te brengen met een boek. Het was moeilijk me te concentreren, want elke keer dwaalden mijn gedachten af naar Arnoud en hoe het nu verder moest. Waar was het allemaal misgegaan?

's Middags besloot ik om Arnoud een e-mail te sturen en hem te vragen om de nodige zakelijke informatie naar me te mailen, zodat ik het charterschema in kaart kon brengen, maar ik kreeg geen reactie.

's Avonds stuurde hij me een sms'je: 'Ik begrijp maar niet dat ik niets van je hoor. Het kan toch niet met een telefoontje zomaar voorbij zijn? Ik ben geen slecht mens en heb het beste voor met jou en de kinderen. Kunnen we er niet over praten?'

Ik sms'te terug dat ik hem al had gemaild en geen antwoord van hem had gehad. Al snel daarna ging de telefoon. Natuurlijk was het Arnoud en opnieuw probeerde hij me op elke mogelijke manier over te halen om er nog eens over na te denken. Ik vervloekte mezelf dat ik had opgenomen, maar hij was nog steeds mijn baas. Wat moest ik dan?

'Ik weet precies hoe het gaat. Over een paar maanden ben je vertrokken en heb je een andere baan.' Ik kon hem geen ongelijk geven, want dat was ik inderdaad van plan. Omdat ik niet wist hoe het met zijn bedrijven zat, hield ik hem zakelijk nog aan het lijntje, maar eigenlijk had ik ook daar niet heel veel vertrouwen in. Mijn stap naar het UWV was daar het bewijs van, maar voor ik daarover meer zekerheid had, moest ik me als werknemer blijven gedragen, op die manier kon me in elk geval niets worden verweten. Dat ik ondertussen naar een andere baan zocht, kon niemand me verbieden.

Met de telefoon nog steeds in mijn hand liet ik mijn hoofd hangen. Ik bleef maar huilen. Maar hoe vreselijk ik me ook voelde, toch moest ik verder, ik had drie kinderen voor wie ik moest zorgen, die kon ik niet in de steek laten. Wat er ook gebeurde.

De volgende dag had ik een afspraak met de aan mij toegewezen advocaat. Hoewel ik ontzettend nerveus was, verliep het gesprek goed. Niet dat ik er meer hoop door kreeg. Mijn advocaat was eerlijk geweest; hij zou alles doen wat in zijn vermogen lag en wettelijk mogelijk was, maar ik moest ervan uitgaan dat ik nooit een cent te zien zou krijgen. Het was de realiteit, maar als ik niets deed, zag ik zeker niets terug. Op deze manier had ik toch nog een kans. We besloten dat hij een dwangbevel tot betaling zou opstellen en dat hij dat, na mijn goedkeuring, naar Arnoud zou sturen. Ik kon niets anders dan hiermee instemmen, hoe bang ik ook was voor Arnouds reactie.

Door me te richten op het zakelijke deel van onze relatie, werd de pijn draaglijker. Ik wist dat het zou slijten, en door me meer te richten op mijn baan en salaris, lukte het me tenminste om verder te gaan. Zeker omdat Arnoud nog niet van plan was om me zomaar op te geven.

Ik kreeg de hele dag door sms'jes van Arnoud, maar ik negeerde ze. Ik had geen zin om met hem te praten en was dankbaar dat hij het bij sms'en hield en niet belde. Maar dat weerhield hem er niet van om me een mail te sturen waarin hij me nogmaals zijn liefde verklaarde en natuurlijk weer op zijn onschuld hamerde. Ook nu schermde hij weer met bewijzen en ook nu wilde hij ze komen laten zien.

Pas een dag later antwoordde ik hem en liet ik hem weten dat het echt voorbij was en dat hij het los moest laten. De reden had ik hem al meerdere keren gezegd, gemaild en ge-sms't, dus hij moest maar in zijn bestanden kijken als hij het was vergeten. Om de mail nog een schijn van zakelijkheid te geven liet ik hem meteen weten dat ik niet meer op de zakelijke mail kon inloggen. Ik was daar eerder die dag achter gekomen, maar had er verder nog geen actie op ondernomen.

Ik hoefde dit keer niet lang op een antwoord te wachten. Het 'lieve' in de aanhef was veranderd in 'hoi' en de toon was opeens een stuk zakelijker, bijna op het agressieve af. Het was duidelijk dat hij me een schuldgevoel probeerde aan te praten, want hij beschuldigde me ervan dat ik hem kapot wilde maken en dat het duidelijk was dat het me niets uitmaakte hoe hij zich voelde. Het eerste was niet waar, maar het tweede klopte aardig.

Natuurlijk schermde hij weer met zijn onschuld en benadrukte hij nogmaals dat wat wij voor elkaar voelden heel bijzonder was, echt. Het raakte me, omdat ik zo graag wilde geloven wat hij schreef, maar ondertussen wist ik dat het onzin was. Loze woorden zonder emotie of gevoel.

In zijn mail liet hij weten dat ik de nieuwe inloggegevens op kantoor kon ophalen, net als het charterschema, omdat hij dat helaas nog steeds niet digitaal had. Om me nog verder onder druk te zetten, zo voelde het tenminste, voegde hij eraan toe dat als we onze privéproblemen niet uitspraken, hij ook niet zakelijk met mij kon doorgaan. Hij vroeg zich af hoe dat volgende week moest als we met z'n allen naar Frankrijk gingen.

'Die man leeft in een andere wereld,' zei ik hardop tegen mezelf, terwijl ik de e-mail nog een keer las. Dat hij nog steeds dacht dat we samen met de kinderen naar Frankrijk zouden gaan was voor mij onbegrijpelijk. Ik ging er maar niet meer op in. Het was hopeloos, maar duidelijk. Arnoud geloofde in zijn eigen waandenkbeelden en niets kon daar iets aan veranderen.

14

Omdat ik nog steeds afhankelijk was van Arnoud, stuurde ik hem de volgende dag opnieuw een mail. Zelfs zonder loon en waarschijnlijk ook zonder geldig contract, was hij nog steeds mijn werkgever en zonder uitkering of een nieuwe baan was ik compleet machteloos.

Ik ontnam hem de mogelijkheid om de bank de schuld te geven door zelf maar aan te geven dat er vast wel weer iets was misgegaan bij de bank, maar dat het nu wel een probleem begon te worden. Ik kreeg nog salaris van vorige maand en ondertussen waren we alweer ver in de huidige maand. Mijn vraag aan hem was simpel: 'Hoe verwacht je dat ik mijn kinderen te eten geef als er geen geld binnenkomt?' Ik probeerde hem een schuldgevoel aan te praten, zoals hij dat ook steeds bij mij deed, maar toen ik even later mijn advocaat sprak, adviseerde hij me om verder contact alleen nog maar via hem te laten verlopen. Het beste was om helemaal geen contact meer te hebben met Arnoud, zeker niet nu we op het punt stonden om een dwangbevel te gaan versturen.

In het dwangbevel werd Arnoud officieel gesommeerd

om mijn salaris uit te betalen en wel binnen zeven werkdagen. Ook werd het bedrag vermeld dat moest worden
betaald. De brief zag er dreigend uit en ik kon me voorstellen dat Arnoud woedend zou zijn. Het zou bij hem
overkomen als het ultieme verraad en met bonkend hart
gaf ik mijn advocaat toestemming om het dwangbevel
uit mijn naam te versturen.

Twee dagen later viel er een kopie van het verstuurde
bevel op mijn deurmat. Met het zweet in mijn handen
las ik het nogmaals. Ik wist dat Arnoud het dwangbevel
nu had ontvangen en dat er geen weg terug meer was,
maar ondanks mijn angst putte ik hier ook wat moed uit.
Het was hoogst onwaarschijnlijk dat ik ooit een cent zou
krijgen, maar daar ging het me niet eens meer om. Ik
wilde terugvechten, in plaats van elke avond huilend op
de bank zitten. Ik wilde opkomen voor al die mensen die
hetzelfde hadden meegemaakt, maar ook voor toekom-
stige slachtoffers van Arnoud. Iemand moest hen waarschuwen.

Aan de andere kant betwijfelde ik of hij hier überhaupt van onder de indruk zou zijn. Waarschijnlijk had
hij wel vaker dat soort brieven ontvangen en deed het
hem helemaal niets. Hoe dan ook, ik kon nu alleen nog
maar wachten op een reactie. Hoe en wanneer was niet
te voorspellen.

Ondertussen was de zomervakantie begonnen en in
de eerste week zouden de jongens met mijn ouders op
fietsvakantie gaan. Ik zou ze uitzwaaien en hun spullen
ophalen. Na die vakantie zouden ze twee weken bij mij
komen en daarna nog drie weken met hun vader op va-

kantie gaan, maar daarna zouden ze in Limburg naar school gaan, en, het belangrijkste van alles: we zouden weer samen in een huis wonen.

Terwijl ik ze uitzwaaide realiseerde ik me dat de zomer wel eens heel anders zou kunnen verlopen dan we allemaal hadden verwacht.

Thuis laadde ik de auto uit en ging de tuin in zodat ik wat kon ontspannen. Het zwembad van de kinderen stond er nog en in mijn bikini ging ik op de stoel ernaast liggen. Ter afkoeling dobberde ik regelmatig wat in het water rond en probeerde ik alle zorgen van de laatste tijd wat naar de achtergrond te duwen.

Ik schrok wakker van mijn mobiel. Het waren de kinderen: ze waren aangekomen op hun eerste fietsstop.

'Het is superleuk, mam. Ging hartstikke goed.' Over de kinderen hoefde ik me in elk geval geen zorgen te maken. Zij hadden het prima naar hun zin. Vijfendertig kilometer gefietst en ze zaten nog steeds vol energie.

Ik moest erom glimlachen en realiseerde me weer waar ik het allemaal voor deed en waarom ik nooit zou opgeven. Ik had gewoon te veel om voor te leven en dat kon zelfs Arnoud me niet afnemen.

Natuurlijk kon een reactie van Arnoud niet uitblijven en het duurde dan ook niet lang voordat ik een brief ontving. Met bonzend hart opende ik de envelop en begon de brief te lezen.

In een lang epistel, vol spelfouten, liet Arnoud me weten dat hij zeer teleurgesteld was en zich genoodzaakt zag ons contract te beëindigen. De reden hiervoor was dat ik nooit op kantoor verscheen en mijn werk dus ook niet naar behoren uitvoerde. Thuiswerken was volgens hem geen optie, aangezien hij niet wilde dat er vertrouwelijke informatie van kantoor werd meegenomen.

'Ook wil ik niet dat deze vertrouwelijke informatie het kantoor verlaat, gezien er de laatste tijd veel informatie door jou is doorgespeeld. Hier ben ik erg van geschrokken en hierdoor heb ik zeer veel schade ondervonden, zowel financieel als immaterieel. Dit had ik niet van jou verwacht.'

De toon was verwijtend, maar dat was te verwachten. Ongeduldig las ik verder.

'Ik hoop nog steeds dat dit alles op een misverstand berust en dat wij samen nog verder kunnen...'

Eerst ontsloeg hij me en dan hoopte hij weer op een misverstand. Het was duidelijk dat hij zichzelf op alle fronten tegensprak.

Nadat ik de brief twee keer had doorgelezen, wilde ik het liefst mijn telefoon pakken en Arnoud bellen. Wat dacht die vent wel? Dat hij ermee weg zou komen door gewoon maar een brief vol leugens te schrijven? Maar ik beheerste me. Ik wist heel goed dat het niet verstandig was om hem te bellen. In plaats daarvan belde ik mijn advocaat en verzekerde hem ervan dat ik regelmatig op kantoor was geweest en dat de aantijgingen in de brief dus complete onzin waren.

'Kun je dat bewijzen, Annemieke?' Mijn advocaat moest de vraag stellen, dat wist ik best, maar toch vond ik het moeilijk. Hoe kon het opeens nodig zijn geworden dat ik bewees dat ik te goeder trouw was? Maar het was logisch en logica heeft nu eenmaal niets met sentiment van doen, dus ik liet hem weten dat dit geen enkel probleem was. Er waren voldoende mensen werkzaam in de andere kantoren, die me daar gezien hadden, nog los van de leverancier en de eigenaar van het pand. Gelukkig geloofde hij me en we spraken af dat ik hem een kopie van Arnouds brief zou doen toekomen en dat hij opnieuw een brief zou opstellen.

Toen ik had opgehangen las ik nogmaals Arnouds brief door. Steeds als ik zijn woorden las voelde ik de frustratie toenemen. Ik voelde me verraden. Mijn grootste frustratie was dat ik maar zo weinig kon doen en ik wilde juist van alles doen. Ik wilde dat Arnoud zou worden aangepakt. Ik wilde dat hij wist hoe het voelde om zo te worden bedrogen. Niet over een paar maanden en met fluwelen handschoentjes, maar nú. Ik wilde dat hij werd geconfronteerd met zijn daden en dat iedereen zou kunnen zien en horen wat hij had gedaan. Hoeveel mensen zouden nog slachtoffer worden van zijn praktijken?

Steeds meer realiseerde ik me dat ik wilde dat mijn verhaal zou voorkomen dat hij andere mensen dupeerde. Plotseling moest ik denken aan wat ik had gehoord over *Opgelicht?!*. Zij hadden al eerder een aflevering over Arnoud uitgezonden, misschien zouden ze wel willen weten dat deze oplichter nog steeds actief was. Ik had de bewuste uitzending inmiddels al een aantal keer bekeken. Elke keer verbaasde ik me erover dat ik in al zijn verhalen had geloofd. Op televisie leek het allemaal zo doorzichtig.

In een opwelling ging ik aan mijn computer zitten en stuurde de redactie van *Opgelicht?!* een mail, waarin ik hen waarschuwde voor Arnoud en vertelde dat hij nog steeds actief was. Hoewel ik wel vertelde dat ik een van Arnouds slachtoffers was, liet ik mijn persoonlijke verhaal verder achterwege. Toen ik op verzenden klikte voelde ik een kleine triomf, maar al na enkele seconden kreeg ik een mail terug: 'Dank u wel voor uw mail, onze redactie is momenteel drie weken op vakantie.' Het stond er iets vriendelijker, maar het kwam er wel op neer.

Daar ging mijn verhaal en meteen begon ik weer aan mezelf te twijfelen. Hoe had ik überhaupt kunnen denken dat de programmamakers iets met mijn verhaal zouden willen. Er was al eens een uitzending over Arnoud gemaakt en ik had de mail ook zo verdomd beknopt gehouden. Ik had niets over mijn situatie verteld.

Uit frustratie belde ik Laura en vertelde haar dat ik het televisieprogramma had ingeschakeld en dat ik een automatische mail had teruggekregen.

'Natuurlijk is er een kleine kans dat het programma iets met jouw informatie gaat doen, maar dat is niet omdat ze met vakantie zijn, hoor. Weet je wat jij moet doen, Miek?'

'Ja, ja, ik weet het, als ik niets van ze hoor, probeer ik het over een paar weken gewoon nog een keer.'

'Precies. En tot die tijd moet je je geen zorgen maken.'

En daarmee sloot Laura het onderwerp af en begon ze over iets anders te praten.

De dag dat de jongens terugkwamen van hun fietsvakantie met opa en oma, was de dag dat ik per e-mail opnieuw een reactie van Arnoud ontving. Ook deze keer stond ik weer versteld van het gemak waarmee hij de waarheid naar zijn hand zette en hoe moeiteloos hij kon liegen.

De brief begon keurig met een verwijzing naar alle punten van mijn advocaat, maar ook in deze brief hield Arnoud vol dat ik nooit op kantoor was verschenen en dat ik na herhaald verzoek geweigerd had om een gesprek aan te gaan. Ook benadrukte hij nogmaals dat ik hem bij verschillende klanten en leveranciers in diskrediet had gebracht en dat hij het niet begreep waarom ik een advocaat had ingeschakeld. Voor hem en zijn bedrijf gold volgens hem een andere wetgeving omdat het om een Ltd ging en daardoor onder de Engelse wetgeving viel. Mij werd tevens verzocht om alle bedrijfsmaterialen, zoals telefoon, simkaart en sleutels, onder rembours terug te zenden.

Ik moest me inhouden om de brief niet te verscheuren en ik beet hard op mijn lip om de impuls te onderdrukken. Hij moest gestoord zijn als hij werkelijk dacht dat ik dit ging doen. Natuurlijk zou ik de spullen teruggeven, maar niet op deze manier. Ik vertrouwde hem voor geen meter.

Zijn brief somde nog een waslijst aan meningen, eisen en dreigementen op. Onder andere dat hij zich beraadde om mij aan te klagen voor laster. Het moest toch niet gekker worden. Maar het eind van zijn brief was toch wel het klapstuk. Ondanks de huidige economische malaise, was het hem gelukt om binnen een week zijn bedrijf te verkopen aan ene meneer Jeff Bakerley.

Verdere informatie ontbrak natuurlijk, dus er viel niets anders te doen dan Arnoud te sommeren de informatie vrij te geven. Eigenlijk verwachtten we geen antwoord meer. Zowel mijn advocaat als ik geloofde er niets van dat hij zijn bedrijf binnen een paar dagen kon hebben verkocht. Maar omdat de uittreksels zich in Engeland bevonden en mijn advocaat inmiddels ook op vakantie ging, zat er niets anders op dan maar weer af te wachten.

Gelukkig was er naast deze frustrerende brief ook nog een lichtpuntje. Het uwv liet me weten dat ik recht had op een uitkering en dat deze de eerste van de maand in zou gaan. Dat was een enorme opluchting. Ik kon dus in elk geval iets van inkomsten verwachten. Het was niet veel, maar in elk geval vele malen beter dan helemaal niets.

De kinderen vermaakten zich opperbest op zolder en beneden nam ik alles met mijn ouders door. Ook zij waren met stomheid geslagen door Arnouds houding.

'Die man deinst echt nergens voor terug, dit is onvoorstelbaar,' zei mijn vader.

We aten met zijn allen en ondanks alles werd het nog heel gezellig. Daarna gingen mijn ouders naar huis en werd er voor hen een belangrijke periode afgesloten, de kinderen zouden nu weer bij mij wonen. Hoewel ik de woorden niet kon vinden, was ik intens dankbaar voor de zorg die zij op zich hadden genomen, maar ook voor alle steun die ik van ze kreeg. Ik kon me geen betere ouders wensen.

Hoewel de kinderen wisten dat de zomervakantie er aanvankelijk anders had moeten uitzien, werd er niet of nauwelijks over Arnoud gesproken. Het waren geen domme jongens en ze begrepen heel goed dat een groot deel van de situatie waar we ons nu in bevonden door hem was veroorzaakt. Maar net als ik waren ze bereid om er het beste van te maken, wat soms ontroerende tafereeltjes opleverde. Zo trakteerde Olivier ons op een dag allemaal op een ijsje van zijn eigen centjes, omdat mama dat even niet kon. Ik was trots op hem, maar aan de andere kant deed het me pijn dat ik dit niet gewoon zelf voor ze kon doen. Toen ik voor Arnoud ging werken had ik verwacht dat ik mijn kinderen juist een beter leven zou kunnen bieden, maar het tegenovergestelde was nu het geval. We hadden nog minder geld en we moesten maar zien wat de toekomst ons bracht.

'Vind je het een lekker ijsje, mama?' vroeg Olivier.

'Heel lekker, schat. Lief van je.' Mijn ogen brandden en ik probeerde mijn emoties de baas te blijven. Ik wilde niet huilen, maar genieten van het ijsje dat ik zojuist van mijn zoon had gekregen.

Ondanks de beperkingen waren het twee heerlijke weken. We genoten van elkaar en van het prachtige weer en de dagen vlogen voorbij. Zelfs mijn verdriet om Arnoud werd elke dag minder. Wat bleef was mijn vechtlust en voor ik het in de gaten had stond hun vakantie met Henk alweer voor de deur.

Voor ze vertrokken, lunchten we samen. Ze babbelden honderduit over de afgelopen weken, terwijl Henk me vroeg hoe het nu met me ging. Ik wilde hem niet met mijn zorgen belasten, zeker niet zo vlak voor de vakantie en vertelde hem dat het redelijk ging en dat ik volgende maand een uitkering zou krijgen. Hij keek me even bezorgd aan, maar toen eiste Vincent zijn aandacht op en kon ik weer opgelucht ademhalen.

Ik zwaaide ze uit tot ze om de hoek waren verdwenen. Langzaam liep ik naar binnen. Voor me lagen drie weken stilte en leegte.

Tijdens mijn eerste week alleen zat ik voornamelijk aan de computer, op zoek naar werk en naar meer informatie over Arnoud. Hoe graag ik het ook allemaal wilde loslaten, op de een of andere manier lukte dat niet. Ik was dan ook blij verrast toen ik een onverwacht telefoontje kreeg. Aan de andere kant van de lijn zei een mannenstem: 'Hallo, met Nico, verslaggever van het programma *Opgelicht?!*. Wij hebben uw mail ontvangen en ik zou daar graag met u over willen praten.'

Het bleek dat ik niet de enige was geweest die hen had geattendeerd op de praktijken van Arnoud. Hij was dan ook zeer geïnteresseerd in mijn verhaal. Ook vertelde Nico dat ze opnames hadden uit 2007 die nog niet waren uitgezonden. Daarin betrof het weer een andere gedupeerde.

Opeens was het gedaan met mijn saaie en rustige dagen. Mijn informatie, gecombineerd met die van Nico, zorgde voor nieuwe inzichten en er gingen andere deuren open. Het gaf me een goed gevoel om iets te kunnen doen. Ik had me tot dat moment compleet machteloos gevoeld, een slachtoffer, maar nu kon ik ergens mijn tanden in zetten en laten zien dat ik me niet klein liet krijgen. Eindelijk kon ik me verweren tegen Arnoud en een poging doen om alle feiten boven tafel te krijgen. Als het aan mij lag zou de onderste steen boven komen en zou er een antwoord komen op alle vragen die er nog waren. Ik wilde iedereen spreken die ook maar enigszins met hem te maken had gehad.

Mijn nieuwe voornemen zorgde ervoor dat ik langzaamaan weer uit het diepe dal begon te klauteren, maar sommige ontdekkingen waren toch wel moeilijk te verteren.

Af en toe vertelde Nico me net iets meer dan ik eigenlijk had willen weten. Zo had Arnoud inderdaad twee kinderen, maar niet bij dezelfde vrouw. Ook waren er andere vrouwen geweest, vrouwen die zijn verhalen ook hadden geloofd en verliefd op hem waren geworden, net als ik. Toen ik hun verhalen hoorde, realiseerde ik me dat ik eigenlijk heel veel geluk had gehad; het had nog zo veel erger kunnen zijn, maar het deed ook pijn. Ik had me uniek gevoeld bij Arnoud, maar de waarheid was compleet het omgekeerde.

Nico bevestigde uiteindelijk ook mijn vermoedens omtrent de SY Duende. Het schip was inderdaad niet van hem. De eigendomspapieren die Arnoud mij had laten zien waren vervalst. De foto's die ik had gezien waren weliswaar op de Duende gemaakt, maar niet omdat hij de eigenaar was, maar omdat hij als kapitein werkzaam was geweest op het schip.

Nu bleek dat Jack Sparrow en Arnoud meer gemeen hadden dan me lief was: het waren allebei boeven, maar Jack Sparrow kwam er tenminste voor uit.

Zijn functie als kapitein was Arnoud echter al snel weer kwijt. Hij had zich voorgedaan als de eigenaar van het schip en de eigendomspapieren gestolen. Hoewel ik wist dat Arnoud het niet zo nauw nam met de waarheid, was het voor mij toch even slikken toen ik hoorde dat hij zich ook schuldig had gemaakt aan diefstal. Ik kon het gewoon niet geloven en probeerde voor mezelf vol te houden dat hij de documenten had vervalst. Om de een of andere vreemde reden vond ik dat minder erg klinken.

Opgelicht?! had inmiddels alweer zo veel informatie over Arnoud gevonden dat er werd besloten opnieuw een uitzending aan hem te wijden. Ze vroegen of ik het goed vond dat ze bij mij thuis opnames zouden maken. Het idee van de opnames maakte me nerveus, maar het gevoel dat er nu echt iets gebeurde zorgde ervoor dat ik doorzette. Het gaf me kracht en vechtlust. Toen ze hadden opgehangen belde ik direct mijn ouders en Henk. Tot mijn grote vreugde steunden ze me onvoorwaardelijk en weer prees ik mezelf gelukkig. Daarna belde ik Laura en ik vroeg haar of ze alsjeblieft bij me wilde komen tijdens de opnames. Ze zei zonder aarzelen ja en dat was een hele opluchting; met haar steun zou ik me er wel doorheen slaan!

Gelukkig bleek het allemaal reuze mee te vallen, hoewel het weinig had gescheeld of ze hadden mijn hele woonkamer op z'n kop gezet. De vragen verliepen vlot en waren makkelijk te beantwoorden, tot we bij het stuk kwamen waarin ik moest vertellen hoe ik erachter kwam dat Arnoud een oplichter was. Het was een van de emotioneelste momenten, maar ik sloeg me er goed doorheen. Helaas ging er iets mis met de opname en moest het stuk nog een keer worden opgenomen.

Nee, dacht ik. Uitgerekend nu, juist het deel dat ik zo moeilijk vond.

En toen gebeurde precies waar ik al voor vreesde, ik kon mijn emoties niet meer in bedwang houden en begon te huilen. Grote, dikke tranen biggelden langs mijn wangen en in het bijzijn van de hele crew liet ik mijn verdriet de vrije loop. Het was zo moeilijk om die emoties weer te herbeleven.

Gelukkig was iedereen ontzettend lief en na een glas water ging het ook wel weer, maar door mijn huilbui was ik me er wel van bewust dat Arnoud mij emotioneel dieper had geraakt dan ik zelfs voor mezelf wilde toegeven. Laura sloeg haar armen om me heen, en toen ik weer uitgehuild was, plaagde ze me: 'Je make-up is geruïneerd, meid. Ze kunnen weer van voren af aan beginnen!'

Dat maakte me aan het lachen en ik gaf aan dat ik verder kon met de opnames.

Nico had ook nog nieuws voor mij. Hij legde het bewijs van Arnouds gevangenisverleden op tafel. 'Mocht je er ooit nog aan twijfelen, dan kun je altijd hier nog eens naar kijken,' bromde hij niet onvriendelijk.

Uit de papieren bleek dat Arnoud nog in een proefperiode zat die pas op 19 september zou verlopen. Hij kon dus nog een jaar naar de gevangenis worden gestuurd, wanneer bleek dat hij zich niet aan de afspraken hield. Dit bood een nieuw perspectief, helemaal als de uitzending nog voor de vervaldatum zou plaatsvinden. Voor het eerst sinds lange tijd kreeg ik weer hoop. Zou er dan toch nog zoiets als gerechtigheid bestaan?

Af en toe werd het me allemaal te veel en wilde ik ermee stoppen, maar ik merkte dat mijn zoektocht naar de waarheid belangrijk voor me was. Ik kon daardoor alles beter begrijpen, iets doen, mezelf begrijpen. Door me actief bezig te houden met de zaak kreeg ik weer grip op mijn schuldgevoel. Ja, ik had me in de nesten gewerkt, maar ik deed tenminste ook iets om er weer uit te komen.

Door mijn gesprekken met Nico en de verhalen die ik van hem had gehoord, begon ik nieuwsgierig te worden naar de andere slachtoffers. Daarom vroeg ik hem of het mogelijk was om met hen in contact te treden. Twee van hen stemden daarmee in en als eerste belde ik Marion, die ook bij de opnames aanwezig zou zijn.

Haar verhaal was niet veel anders dan het mijne, maar zij had het veel langer volgehouden. Liefde had haar net als mij verblind. Gelukkig was ze ook een vechter gebleken en door haar aangifte, de medewerking van Nico en de politie, was Arnoud uiteindelijk achter de tralies beland.

Ik bewonderde haar en hoopte dat mijn verhaal hetzelfde resultaat zou hebben.

Daarna belde ik Jacqueline. Zij was veel ingetogener dan Marion en het werd al snel duidelijk dat zij van ons drieën de meeste schade had geleden. Financieel had Arnoud haar alles afgenomen en emotioneel was ze compleet ingestort. Arnoud had ook haar kinderen erbij betrokken. Ze wilde niet meedoen aan de uitzending. Voor haar zou het betekenen dat alles weer werd opgerakeld en dat wilde ze absoluut niet. Na lange tijd had ze de situatie met Arnoud eindelijk achter zich kunnen laten en de pijn een beetje kunnen wegstoppen.

Ik was blij dat ik zowel Marion als Jacqueline had gesproken. De gelijkenissen in onze verhalen verbijsterden me. Toch was er nog een lichtpuntje: in het gesprek met Nico was naar voren gekomen dat de politie verplicht was om mijn aangifte op te nemen, dus begaf ik me weer naar het politiebureau, ditmaal vastbeslotener dan ooit.

Op het politiebureau was het echter weer hetzelfde liedje. Volgens de dienstdoende agent kon er geen aangifte worden gedaan en kon er alleen sprake zijn van een civiele procedure. Maar dit keer liet ik me niet met een kluitje in het riet sturen. Ik had namelijk bewijs dat er sprake was van valsheid in geschrifte. Arnoud had een arbeidscontract opgesteld onder zijn tweede naam en uit naam van een niet-bestaand bedrijf.

Er werd een andere agent bij gehaald en die bevestigde dat Arnoud wel degelijk een bekende van justitie was. Eindelijk zat het me een keer mee en kon ik aangifte doen.

Het waren dit soort kleine overwinningen die me erdoorheen sleepten. De volgende stap zouden de studio-opnamen van *Opgelicht?!* zijn.

Twee dagen later was het zover. Samen met de kinderen ging ik naar Hilversum. De jongens mochten in een aparte ruimte naar de nieuwe Harry Potter-film kijken en met een grote zak chips en een paar blikjes limonade als zoethoudertjes vonden ze dat helemaal geen probleem.

Het vreemdste van die hele dag was om kennis te maken met de andere slachtoffers van Arnoud, vooral de vrouwen. Ik had Marion natuurlijk uitgebreid gesproken, maar om haar in levenden lijve te ontmoeten was heel wat anders. Hoewel onze verhalen veel gelijkenissen vertoonden, was dat niet het geval wat betreft ons uiterlijk, ons gedrag en ons karakter. We hadden eigenlijk helemaal niets gemeen.

Ook ontmoette ik de schrijver van een van de internetpagina's die waren gewijd aan Arnoud. Ook hij begreep niets van Arnouds acties. Wat was het doel, waarom steeds opnieuw dezelfde verhalen? Het was voor iedereen een mysterie.

Net als tijdens de opnames thuis was het in de studio belangrijk om kort en duidelijk antwoord te geven. Ik probeerde rustig te blijven, niet te veel met mijn handen te wriemelen en vooral mijn emoties in bedwang te houden. Ik zweette als een gek van de zenuwen en tijdens de opnames durfde ik mijn armen niet te bewegen, doodsbang als ik was dat het dan zou opvallen hoe warm het in de studio was. Toen ik mijn armen eindelijk optilde, kon ik precies zien waar ze hadden gelegen.

Ook Arnoud kwam even in beeld. Hij wilde nergens op reageren, hoewel mijn naam hem wel tot een reactie bewoog. 'Die Annemieke Linders speelt een smerig spelletje...'

Eigenlijk kon ik het hem niet kwalijk nemen. In zekere zin had ik hem ook verraden bij twee van zijn leveranciers, een advocaat op hem afgestuurd en nu zelfs aangifte gedaan. Vanuit zijn perspectief moest dat wel het ultieme verraad zijn. Maar hoe nuchter ik alles ook probeerde te bezien, de opnames brachten wel veel emoties naar boven. In een paar maanden tijd stond mijn hele wereld op z'n kop en was ik zelfs in een televisiestudio geweest.

Tijdens de rit naar huis belde ik mijn ouders en vertelde hoe het was gegaan. Ik moest echt even mijn verhaal kwijt, maar het was al zo laat dat ik besloot de volgende dag Laura en David en Diana te bellen. Ik was echt bekaf en was dan ook blij toen ik eenmaal in bed lag en mijn gevoelens de vrije loop kon laten.

15

Mijn leven na de opnames bestond voor een groot deel uit solliciteren en verder onderzoek doen naar Arnoud, maar af en toe gebeurden er ook leuke dingen die zorgden voor afleiding. Zo vierden we mijn moeders vijfenzestigste verjaardag. We zouden die zondag samen naar een pannenkoekenboot gaan en gelukkig was het fantastisch weer. Het was ideaal om te gaan varen en aan boord kregen we al snel een tafel toegewezen. Het was heerlijk om te genieten van het weer, het eten, elkaar en natuurlijk het varen.

Op het dek genoot ik van de wind die door mijn haren blies en de warme zon op mijn huid. Onwillekeurig dwaalden mijn gedachten af naar de zeilschepen waarvan ik eerder had gedacht dat ze van Arnoud waren. Als ik mijn ogen sloot was het net of ik in Frankrijk was, misschien wel op de SY Duende. Arnoud stond aan het roer en ik lag op het dek van de zon te genieten.

Terwijl ik wat zat weg te dromen realiseerde ik me opeens waar de boot zou gaan draaien; bij de kruising van de Rijn en de Waal, dus vlak voor de deur van Arnoud en Wim. Mijn vader stond ook op het dek en ik wees hem waar het bunkerschip lag. Ik voelde hoe mijn maag zich omdraaide. Het was net alsof ik terugkeek naar mijn verleden en met elke meter die de boot zich weer van de bunkerboot verwijderde nam het gevoel van bevrijding toe. Arnoud en Wim zag ik niet en ik wendde mijn blik af en keek naar de andere schepen.

In gedachten ging ik terug naar de afgelopen zomer. Er was niets terechtgekomen van de Franse zon en het zeilen en de hele zomer was een drama geweest vol van onzekerheden. Ik had geen baan, nauwelijks inkomsten en eigenlijk wist ik nog steeds niet zeker of de hele situatie met Arnoud nog meer gevolgen zou hebben.

Toch moest ik ondanks al mijn boosheid en frustraties ook denken aan de fijne momenten die ik met hem had gehad. Momenten die de springplank hadden moeten zijn naar een fantastische toekomst. Ik had genoten van zijn aandacht en had me gelaafd aan de liefde die hij me had gegeven. Het had pijn gedaan toen ik erachter kwam dat zijn liefde gespeeld was en dat geen enkele daad en geen enkel woord oprecht waren geweest. Hij had me belazerd, net zoals hij Marion en Jacqueline en vele anderen had belazerd. Of Arnoud echt wist wat gevoelens waren en of hij emoties kende kon ik niet zeggen. Hij kon ze zeker spelen en bespelen, maar of hij ze ook kon ervaren betwijfelde ik.

Langzaam voeren we terug naar de haven. De zomer was bijna voorbij en het kon alleen maar beter worden. Toch was ik er niet helemaal gerust op. Mijn zelfvertrouwen en het vertrouwen in anderen was behoorlijk aangetast. Plotseling moest ik weer denken aan Fabian.

Het had allemaal zo anders kunnen zijn als hij niet bij me was weggegaan. Dan had ik nooit die mail naar de datingsite gezonden en was Arnoud er nooit geweest.

De laatste tijd dacht ik vaak aan Fabian. Ik merkte dat de pijn om Arnoud langzaam was verdwenen, maar dat de pijn om Fabian daarvoor in de plaats was gekomen. Ik realiseerde me dat ik met Fabian niet alleen mijn partner, maar ook mijn maatje kwijt was geraakt. Ik had me aan Arnoud vastgeklampt omdat ik Fabian had gemist en nu Arnoud was verdwenen, kwam al dat onverwerkte verdriet weer boven.

Het goede nieuws was dat ik een baan had gekregen bij de catering van een schoolcampus. Beter had ik het me niet kunnen wensen, de uren kwamen perfect overeen met de schooltijden van de kinderen.

De dag van de uitzending was ik behoorlijk zenuwachtig, hoewel ik wist wat er zou komen. Ik maakte me toch wel zorgen om de mensen in mijn omgeving, want op een paar collega's na, die ik had voorbereid voor het geval ze zouden kijken, wist eigenlijk niemand wat me de laatste tijd was overkomen. En wat zou ik zelf vinden van de uitzending? Hoe zou alles overkomen? Ik had het idee dat er veel nadruk was gelegd op het privéaspect, terwijl het zakelijke deel voor mij belangrijker was.

Die avond zat ik vol spanning voor de televisie. Het was raar om mezelf zo te zien, maar ik kreeg de indruk dat ik heel rustig overkwam. Eigenlijk vond ik dat wel grappig, ik herinnerde me nog goed hoe de adrenaline door mijn lichaam had gegierd tijdens de opnames. Zelfs de scène waarin ik in huilen uitbarstte kwam ingetogen en integer over. Ik was tevreden.

Na de uitzending bleef het vijf minuten stil en toen ging de telefoon. Het waren mijn ouders. Ze hadden de uitzending gezien en wilden me laten weten hoe trots ze waren op mijn zelfbeheersing en mijn woordkeuze. Ze hoopten net als ik dat het programma de politie een zetje in de goede richting zou geven. Ook Laura belde. Ze had visite gehad, maar had toch naar de uitzending gekeken.

'Ik vond echt dat je het supergoed deed. En je bleef ook zo rustig. Geweldig.' Haar stem klonk trots en dat deed me goed.

De hele avond bleef de telefoon gaan. Veel mensen hadden naar de uitzending gekeken en wilden me laten weten wat ze ervan vonden. Iedereen was ontzettend positief en er viel een pak van mijn hart. Blijkbaar had ik me meer zorgen gemaakt dan noodzakelijk.

Pas de volgende ochtend merkte ik dat niet alleen mijn familie, vrienden en kennissen hadden gekeken. Bij een bouwmarkt vroeg een compleet vreemde man of hij me de avond ervoor niet op televisie had gezien. De vraag kwam totaal onverwacht en een beetje overrompeld hoorde ik mezelf zeggen dat ik inderdaad op televisie was geweest.

'Ik kijk vaker naar dat programma en ik begrijp nooit dat mensen zich zo laten oplichten. Dat kan toch gewoon niet? Zoiets heb je toch door?' De man keek me oprecht geïnteresseerd aan, maar met een uitdrukking van ongeloof op zijn gezicht.

Ik begreep hem wel en misschien had ik dat ook wel gedacht als ik in zijn schoenen had gestaan. Ik probeerde hem uit te leggen dat het allemaal niet zo makkelijk was als het leek.

'Ik dacht altijd dat je een simpel persoon moest zijn om er slachtoffer van te worden. Ik weet best dat ik geen doctorandus ben, maar ik ben zeker niet dom en toch heb ook ik me laten inpalmen.' Ik probeerde mijn stem rustig te laten klinken, maar hoewel ik best snapte dat hij er zo over dacht, kostte het me toch moeite. Ik kende deze man niet en was hem ook geen verantwoording schuldig, maar hij had me aangesproken en nu wilde ik dat hij me begreep, dat hij wist dat het iedereen kon overkomen.

Gelukkig leek iedereen verder trots en positief over de uitzending. Het was een heerlijk gevoel na al die ellende. Er waren vele momenten geweest dat ik twijfelde aan mijn daden en mijn gezonde verstand, en daarom was deze aandacht als een warme deken.

Hoewel iedereen ontzettend begripvol was, kon niemand echt goed begrijpen hoe dit allemaal had kunnen gebeuren. Waarom het zo makkelijk was geweest om hem te geloven en hoe het was om bij hem te zijn.

Van alle mensen die door Arnoud waren gedupeerd, wilde ik eigenlijk het liefst met Jacqueline praten. Zij had niet mee willen doen aan de uitzending, bang als ze was voor alle emoties die dat weer met zich mee zou brengen, maar van alle bedrogen vrouwen had ik bij haar het gevoel dat zij me zou begrijpen. Zij had ook een relatie met Arnoud gehad. Ik belde haar op en vroeg of ze me zou willen ontmoeten, om me te helpen in het reine te komen met het verleden en na enige aarzeling stemde ze daarmee in.

We begonnen heel onwennig, maar al snel werd duidelijk dat we niet alleen uiterlijk, maar ook qua karakter veel met elkaar gemeen hadden. Het gaf een vertrouwd gevoel en maakte het makkelijker om te praten over wat we hadden meegemaakt.

Jacqueline had Arnoud leren kennen via zijn nichtje Patty en hoewel ze, net als ik, niet direct hoteldebotel van hem was, had hij haar al snel voor zich weten te winnen. Ook haar kinderen werden overal bij betrokken en net als bij mij was hij met haar vrij snel op zoek gegaan naar een eigen woning. In plaats van een woning in Frankrijk had hij bij haar een woning in Spanje, maar ook bij haar gingen de reisjes steeds niet door. Elke keer kwam er iets tussen, tot hij werd opgepakt door de douane op Schiphol. Hij had op de telex gestaan en werd zonder meer aangehouden. In paniek had hij Jacqueline gebeld en haar om hulp gevraagd. Natuurlijk was alles een leugen, had hij volgehouden, het waren allemaal misverstanden. En Jacqueline trapte erin. Ze bezocht hem in de gevangenis, had regelmatig contact met zijn toen nog in leven zijnde moeder en zijn vader, waste zijn kleren, gaf hem geld voor in de gevangenis, kocht spullen voor hem en gebruikte de binnenkant van Arnouds spijkerbroeken om hem te schrijven en daardoor te steunen.

Uiteindelijk bereikte ook zij haar grens, er waren te veel bewijzen van zijn leugens en bedrog. Ze had hem nog de kans gegeven om eerlijk antwoord te geven op haar vragen, gezegd dat als hij nu alles opbiechtte, ze hem zou blijven steunen, maar hij hield vast aan zijn onschuld en raakte steeds verder verstrikt in nieuwe leugens en bedrog. Hoe hard hij ook met de bewijzen in zijn gezicht werd geslagen, hij gaf nooit toe.

Bij zijn eerstvolgende verlof probeerde Arnoud weer contact met Jacqueline op te nemen. Uren hing hij rond bij haar woning, hij belde haar, maar ze bleef weigeren hem nog een keer te zien en verbrak elk contact. Ze voelde zich misbruikt en bedrogen en wilde nooit meer iets met hem te maken hebben.

We bespraken ook de intieme zaken met elkaar. Jacqueline was de enige met wie ik over dat soort dingen kon praten. Het was fijn om onze herinneringen op deze manier aan elkaar te vertellen, het was veilig en ik hoefde niet bang te zijn voor een oordeel.

Bij ons afscheid liet ik haar weten dat ik haar op de hoogte zou houden van eventuele ontwikkelingen en ik stapte in de auto. Het was twee uur in de ochtend en het was nog ruim een uur rijden. Diep in mijn hart wist ik dat ik Jacqueline nooit meer zou zien. We deden elkaar denken aan Arnoud. Het zou gewoon te pijnlijk zijn, maar deze avond was het goed geweest en tevreden reed ik naar huis.

Een paar dagen later kreeg ik een telefoontje van Rien, de eigenaar van het kantoorpand. Arnoud had bij zijn uitzetting op kantoor de nodige papieren achtergelaten en Rien had besloten om die maar eens door te nemen, gezien het aantal aanmaningen dat maar bleef binnenkomen.

Wat hij toen ontdekte overtrof elke verwachting. Arnoud bleek nog steeds officieel getrouwd te zijn.

Ik besloot naar Rien toe te gaan en de informatie met hem door te nemen. Als Arnoud zo gewillig was om zijn persoonlijke spullen achter te laten, kon hij ons tenminste niet beschuldigen van onrechtmatig verkregen papieren.

Tussen de papieren zaten twee aktes, opgemaakt in Sri Lanka, op de dag van zijn huwelijk, 7 mei 2003. De een was in de taal van het land, de ander in het Engels. Ook het bewijs dat hij een kind bij deze vrouw had verwekt, was tussen de papieren terug te vinden. Tot zover was het allemaal nog wel te behappen, maar het choquerendste was een schrijven van zijn Sri Lankaanse vrouw aan de ouders van Arnoud. Zwart-op-wit stond daar dat hij haar van de ene op de andere dag had achtergelaten in Sri Lanka, om zich sindsdien niet meer te bekommeren om haar of het kind. Zonder enige scrupules had hij haar achtergelaten met zijn schulden en ellende en werd ze verstoten door haar familie. Ze wist amper hoe ze zichzelf of haar kind in leven moest houden.

Ik werd misselijk toen ik de papieren las en ik sloot even mijn ogen en haalde diep adem. Van alles wat ik van Arnoud dacht te kunnen verwachten, ging dit toch wel alle perken te buiten. Hoe diep kon een mens zinken? Terwijl zijn vrouw en kind in armoede en ellende probeerden te overleven, ging hij relaties met andere vrouwen aan, die hij ook weer zijn eeuwige liefde en trouw beloofde.

Overstuur en vol medelijden met de onbekende vrouw voelde ik hoe de woede weer in me opvlamde. Ik nam me voor pas te rusten als deze man werd opgesloten, het liefst voorgoed. Dat hij in staat was een vrouw met haar kind achter te laten, wetende dat ze dat niet of nauwelijks zou kunnen overleven, ging mijn bevattingsvermogen te boven en diep geschokt bladerde ik door de andere papieren.

Naast de huwelijksaktes, het geboortebewijs en de aangrijpende brief, had Arnoud nog veel meer gegevens achtergelaten. De adressen en telefoonnummers nam ik mee. Ik had nog te veel onbeantwoorde vragen en klaarblijkelijk waren er nog heel veel onbekende slachtoffers. Misschien konden die gegevens me verder helpen bij mijn zoektocht.

Door de bewijsstukken die ik had weten te bemachtigen, werd duidelijk dat Arnoud zich niet beperkte tot Nederland. Het was een kwestie van tijd voor er in andere landen slachtoffers zouden opduiken.

In het adressenboekje dat Arnoud op kantoor had achtergelaten, vond ik de gegevens van zijn buren in Frankrijk. Ik wist niet wat ik van die mensen moest denken. Arnoud had het regelmatig over hen gehad, ook in zakelijk opzicht, dus misschien waren ze wel medeplichtig aan zijn praktijken. Toch aarzelde ik niet en besloot ze te bellen.

Met klamme handen toetste ik het telefoonnummer

in en wachtte tot er werd opgenomen. Een dame met een zachte Engelse stem nam de telefoon op en al snel bleek dat ze Arnoud inderdaad kende; maar niet op de manier die ik had gedacht. Arnoud had hen met zijn mooie verhalen ingepalmd en daarna opgelicht. Hij had zelfs twee auto's weten te ontvreemden, ongetwijfeld om ze elders weer door te verkopen, en het huis waarvan Arnoud beweerde dat het van hem was, was in werkelijkheid van hen. Ik vertelde haar dat Arnoud en ik een relatie hadden gehad en dat hij me had willen meenemen naar Frankrijk.

'Hij zei tegen me dat jullie vrienden waren.'

Verbijsterd luisterde ze naar mijn verhaal. Arnoud had me nooit mee kunnen nemen naar Frankrijk, want hij stond daar vermeld als voortvluchtig en zou worden aangehouden zodra hij zich over de grens zou begeven. Er liep zelfs een nationaal opsporingsbevel tegen hem. Hoewel ik al aardig wat had gehoord, sloeg dit nieuws werkelijk alles.

Deze informatie bood ook nieuwe perspectieven. Wellicht zou mijn informatie over Arnoud de Franse justitie verder kunnen helpen en kon het nationale opsporingsbevel worden omgezet in een internationaal opsporingsbevel.

In Nederland moest Arnoud op 21 oktober 2009 voor de rechter verschijnen. Mijn advocaat had Arnoud een dagvaarding gezonden; maar toen het zover was kwam hij niet opdagen. De lafaard, dacht ik boos, zelfs nu durft hij me niet in de ogen te kijken.

Hij was niet verplicht om te komen en dus werd hij bij

verstek veroordeeld. Ik had de zaak gewonnen en Arnoud zou mijn salaris moeten uitbetalen. De kans dat hij dit zou doen was klein, maar de uitspraak lag er tenminste.

Het gaf me een vreemd gevoel. Ik had alleen maar gewonnen omdat Arnoud niet het lef had gehad om zich te komen verantwoorden voor de rechter. Op de een of andere manier vond ik deze veroordeling per verstek absoluut geen echte overwinning, maar ik moest het ermee doen. Enige tijd later kreeg ik namelijk een brief van het politiebureau.

Een beetje nerveus maakte ik de envelop open. Er zou geen vervolg worden gegeven aan mijn aangifte, las ik. De officier van justitie was van mening dat als er al sprake was van oplichting, dit allemaal mijn eigen schuld was. In hun ogen had ik die baan nooit moeten aannemen aangezien ik het bedrijf niet kende en de eigenaar dus ook niet. Zelfs Arnouds veroordeling in de civiele zaak telde niet mee. In hun ogen was het allemaal eigen schuld, dikke bult. Ik kon het bijna niet geloven, maar het stond er echt.

Verbijsterd las ik de brief nogmaals. Ik was het slachtoffer en nu was het opeens mijn eigen schuld?! En Arnoud, die zo veel mensen kwetste en bedroog, kwam er gewoon mee weg? Het was gewoon niet eerlijk!

Ik belde meteen mijn advocaat en ook hij kon zijn oren niet geloven. Hij ging bezwaar aantekenen bij justitie, dat was de enige juiste procedure. Dat was het enige wat hij kon doen.

Hoe het allemaal zou aflopen, kon hij me niet vertellen. Dergelijke procedures konden jaren in beslag nemen. Boos hing ik weer op en ik nam me nogmaals voor niet op te geven en vast te houden aan mijn belofte om niet te rusten voor er een einde werd gemaakt aan Arnouds oplichtingspraktijken en er geen slachtoffers meer konden vallen.

Met een boze blik op de brief vouwde ik hem op en stopte hem in de juridische map. De afgelopen maanden was ik zo veel onrecht tegengekomen, maar ik zou me hier niet door laten kennen. Arnoud had dan misschien mijn hart gebroken, maar mijn geest niet. Wat er ook gebeurde, één ding stond vast: ik was nog niet verslagen.

Annemieke is na de ellende van 2009 weer opgekrabbeld. Ze wil heel graag andere vrouwen waarschuwen voor de gevaren van internetdaten, en dit boek is daar het gevolg van.

Annemieke ging in beroep tegen de niet-ontvankelijkheidsverklaring van haar aangifte en in september 2010 kreeg ze de kans haar verhaal te doen voor het gerechtshof. Tot haar grote vreugde kreeg ze op 13 oktober 2010 te horen dat Arnoud inderdaad vervolgd zal worden.

Voor Annemieke is dat het best denkbare einde van een akelige periode. Ze is nu weer heel gelukkig, samen met haar drie jongens.

Dankwoord

Zonder het vooruitzicht op een geweldige functie, was er waarschijnlijk nooit iets ontstaan tussen Arnoud en mij. Natuurlijk schrijf je je niet in op een datingsite voor een nieuwe job, maar meer dan een paar ontmoetingen zouden het niet zijn geweest zonder de kans op die baan. Ten eerste wilde ik heel graag weg bij mijn vorige werkgever, ten tweede leek de functie van chartermanager een geweldige kans om mij te bewijzen in de organisatie van horeca-evenementen.

De aandacht die hij mij schonk tijdens de relatie maakte dat ik mij geliefd en bijzonder voelde, wat ik heel hard nodig had gezien mijn vorige ervaring en mijn verlangen naar geborgenheid en zekerheid. Ik dacht verliefd te zijn, maar het was eigenlijk niet meer dan een bevrediging van lust.

Wat mij vanaf het begin stoorde was zijn opdringerigheid. Ik kreeg niet meer de kans om alleen te zijn, tijd voor mezelf te hebben. Als hij niet fysiek aanwezig was, dan belde hij urenlang of kwam de ene sms na de andere.

Achteraf gezien realiseer ik mij dat er al snel alarm-

belletjes gingen rinkelen, maar dat ik ze volledig negeerde. Ze werden veroorzaakt door zijn stoere verhalen
waarin hij altijd als een held naar voren kwam, de vele
tegenslagen, tegenstrijdigheden in zijn versie en die van
zijn vader. Zijn gebrek aan geld na de eerste twee weken,
en de excuses die hij hiervoor had. Feitelijk had ik reden
genoeg om hem te wantrouwen, en toch liet ik het allemaal gebeuren.

Ik geloof niet dat ik mij ooit nog zo makkelijk zal laten
meeslepen door een oplichter, mijn vertrouwen in mannen heeft door dit verhaal en mijn voorgaande relatie
een enorme deuk opgelopen. Hoe leuk of vriendelijk
een man ook kan zijn, ik laat ze niet meer echt toe in
mijn leven. Ik heb geleerd de waarde in te zien van de
dagen die ik alleen doorbreng als mijn kinderen bij hun
vader zijn. Ik mag dan op die momenten alleen zijn,
maar ik ben zeer zeker niet eenzaam.

Als ik steun, begrip, troost of advies nodig heb, dan
wend ik mij tot mijn ouders, mijn ex-man, mijn broer of
mijn vriendin; allemaal mensen die bewezen hebben dat
ik hen voor de volle honderd procent kan vertrouwen en
dat ze er altijd voor me zijn.

Mijn speciale dank gaat uit naar Henk, mijn ex-man.
Zonder hem zou dit verhaal nog wel eens dramatischer
hebben kunnen eindigen. Pas veel later hoorde ik dat hij
op onderzoek was gegaan via internet. Hij had grote
twijfels bij een aantal beweringen van Arnoud. Aangezien hij mij niet persoonlijk wenste te benaderen om
eventuele problemen te voorkomen, nam hij contact op

met mijn schoonzus met het verzoek om mij in te lichten. Ik ben hem dankbaar voor alle steun en hulp die ik in die periode, en nog steeds, van hem mocht en mag ontvangen en ik ben blij dat hij ondanks alles nog steeds een belangrijke rol in mijn leven speelt.

Verder gaat mijn dank uit naar mijn vrienden en familie. Hoewel ik mij schaamde om het feit dat ik mij zo had laten misbruiken, was ik blij met alle steun, hulp en troost die ik van hen kreeg en zo hard nodig had.

En vooral dank aan Natasza Tardio. Zonder haar was dit boek er niet gekomen. Als een frisse wervelwind is zij mijn leven binnengekomen om dit boek zijn inhoud te geven. Een geweldige vrouw en schrijfster. Het was een verrijkende ervaring, soms enerverend en emotioneel, maar vooral spontaan, gezellig en vol humor.